ANOREXIA
"UMA NEUROSE PARALELA À MELANCOLIA"

Flávia Coutinho Campos Cunha

Anorexia
"Uma neurose paralela à melancolia"

1ª Edição
POD

KBR
Petrópolis
2015

Coordenação editorial **Noga Sklar**
Editoração **KBR**
Capa **KBR sobre Arquivo Google**
Foto da autora **Alexander Dionísio**

ISBN: 978-85-8180-424-8

KBR Editora Digital Ltda.
www.kbrdigital.com.br
www.facebook.com/kbrdigital
atendimento@kbrdigital.com.br
55|21|3942.4440

PSY011000 - Psicologia - Desordens alimentares

Flávia Coutinho Campos Cunha é psicanalista, Mestre em Psicologia pela Universidade Federal (UFMG) — Área de concentração: Estudos Psicanalíticos. Pesquisadora Fapemig (2013 e 2014) e Especialista em Teoria Psicanalítica pela UFMG, graduou-se em psicologia pelo Centro Universitário Newton Paiva. *Anorexia* é seu primeiro livro publicado pela KBR.

E-mail: flaviacoutic@gmail.com

À Júlia, pela alegria.

Ao meu pai, Luiz Pompeu, pela gratidão e saudade.

Ao amor e ao tempo.

Sumário

Considerações Finais

Referências Bibliográficas

- Anexo A -

- Anexo B -

Nota da autora e agradecimentos

Este livro é uma versão adaptada da minha dissertação de mestrado em Psicologia (área de concentração: Estudos Psicanalíticos), defendida em 2012 na Faculdade de Filosofia e Ciências Humanas da Universidade Federal de Minas Gerais. Aproveito este momento para agradecer às pessoas que foram importantes para a realização deste trabalho.

À minha orientadora, Ângela Vorcaro, pela acolhida calorosa que deu a esta pesquisa, desde o projeto até a versão final. Seu apoio, confiança, generosidade e tranquilidade ao longo do percurso imprimiram leveza ao trabalho.

À Profa. Dra. Ana Cecília Carvalho, sou eternamente grata por sua confiança e orientação na monografia apresentada ao curso de Especialização em Teoria Psicanalítica da UFMG, onde este trabalho teve início, quando fui encorajada a pesquisar e interrogar. Só depois percebi que era um caminho sem volta.

Às Professoras Mônica Lima, Cristina Marcos, Cristiane Cunha e Andreia Guerra pela leitura, comentários e contribuições. À equipe do NIAB — Núcleo de Investigação em Anorexia e Bulimia, pela acolhida e interlocução com o tema.

A Vania Baeta, pelo *ler devagar*, acompanhado de conversas inesquecíveis e cafezinhos deliciosos.

Ao meu querido pai, Luiz Pompeu de Campos, com quem adquiri o desejo pela investigação e pela construção do conhecimento. Aos meus irmãos Kal e Gabriel, por todos os instantes que passamos juntos. Vocês me ensinaram muito sobre o amor, o tempo e a efemeridade.

À minha mãe, Thelma, pelo carinho, amor e apoio incondicionais. Ser feliz é uma escolha.

À minha irmã Joana, pela lealdade e carinho. Eu te... você é o amor da minha...

Ao Rodrigo, por todos os nossos momentos juntos... *Meu sonho é tão feliz contigo.*

À Júlia, minha Sabiá, por iluminar o que antes era opaco... por cantar o vazio... por trazer vida à minha vida.

Pela amizade, interlocução e generosidade agradeço a Mariza Roedel, Carolina Nassau, Rodrigo Pardini, Luiza Rodrigues, Fernanda Marinho, Mara Viana, Ludmila Albernaz, Daniela Schneider, Lucas Marinho, Juliana Soares, Fernanda Guida e Marquinho.

Pela escuta, via de desejo, agradeço à Leila Mariné.

Meu eterno agradecimento à minha família e amigos, pela lealdade, amor, companheirismo e delicadezas. Vocês tornaram este trabalho mais alegre e prazeroso.

PREFÁCIO

Na pesquisa de Flávia Coutinho que deu origem à dissertação de mestrado "Anorexia: 'uma neurose paralela à melancolia'" (2012), orientada por mim no âmbito do programa de pós-graduação em psicologia da UFMG, a autora investigou a assertiva freudiana presente no "Rascunho G": "A neurose paralela à melancolia é a anorexia" (Freud, 1895/ 1969). A partir da constatação de que essa hipótese nunca foi aprofundada ou desenvolvida por Freud, a autora busca, em sua escrita fluida, as consequências dessa assertiva em trabalhos posteriores de Freud, nos quais pode ser estabelecido o vínculo entre melancolia e anorexia — que por vezes se mostra como oposição.

Da anorexia, Flávia extraiu a discordância entre a concepção do corpo e o modo como ele é percebido. Seus sintomas não incomodam o anoréxico, perturbam apenas aqueles que o rodeiam: críticas, depreciações, insultos e punições autoimpostas não correspondem ao que lhe é dito por familiares e pessoas próximas.

Foi a interrogação sobre essa discrepância entre o anoréxico e o que lhe faz alteridade que mobilizou a hipótese de que essa característica esteja diretamente relacionada à própria constituição do sujeito, provocando certo fracasso na partilha com o Outro de valores dos objetos que lhes seriam comuns nas trocas sociais primárias, inclusive o próprio corpo do anoréxico.

O aporte teórico sustentador deste livro aprofundará a assertiva freudiana sobre a anorexia com as investigações do próprio Freud sobre a constituição do Eu e o funcionamento pulsional, bem como de possíveis consequências desses processos no desencadeamento da anorexia. Vale notar que, a despeito de frequentemente ocorrer na adolescência, a clínica psicanalítica de bebês e crianças pequenas explicita que a recusa alimentar começa a incidir muito antes, em geral por efeito de um traumatismo no laço com o agente cuidador num momento em que este é, ainda, imprescindível para a sobrevivência psíquica do infante. Nesses casos, constata-se um estado rebaixado do investimento nas relações e nos objetos, denunciando algo da ordem da depressão ou da melancolia. Entretanto, apesar destas constatações terem sistematicidade clínica, elas se mantêm na informalidade, pois são escassos os estudos desenvolvidos sobre o tema.

Ressalta-se que, tal como feito neste estudo pela autora, o tratamento e sistematização das observações freudianas que correlacionam anorexia e melancolia são fundamentais como ponto de estofo para alavancar variados estudos que podem ser empreendidos sobre o tema a partir de outras perspectivas. Este é o caso, tomado aqui como exemplo, dos aportes teóricos que Jacques Lacan trouxe ao campo da psicanálise, relativos à constituição e aos processos identificatórios do sujeito: diferenciando, na formação do Eu, um *Eu ideal* (relativo à imagem) e um *Ideal do Eu* (referência simbólica), Lacan explicitou sua distinção e coexistência. Também a lógica das identificações nelas distinguiu a parcialidade do traço, permitindo considerar a tensão contínua entre o narcisismo unificante e as pulsões fragmentadas. Enfim, como Freud já havia anunciado, os paradoxos dos elementos coexistentes no psiquismo são capazes de equacionar, com um método próprio, o sofrimento como condição para o prazer. Lacan estabelece a lógica que indica a função de usufruir a recusa, prescindindo do que seria externo para, assim, afetar o fundamento do Outro.

Da mesma forma como as contribuições de Lacan podem aprofundar os estudos do que há de paradoxal na anorexia, a importância de tornar público este trabalho de Flávia Coutinho é a de franquear aos pesquisadores, desta e de outras orientações teóricas, o encontro de elementos essenciais ao estudo e ao tratamento da anorexia.

Assim, a proposta da leitura deste trabalho é a possibilidade de, a partir dele, construir uma abordagem inovadora da clínica da anorexia, de forma que seja transmitida aos profissionais e estudantes no intuito de lidar melhor com a complexidade desses casos.

Angela Vorcaro
Belo Horizonte, agosto de 2015

Introdução

Todos queriam ver o artista da fome pelo menos uma vez por dia; nos últimos dias havia quem passasse o dia inteiro sentado diante da pequena jaula; à noite também havia visitação, à luz de tochas, para aumentar o efeito; nos dias bonitos a jaula era transportada ao ar livre, e então eram principalmente às crianças que exibiam o artista da fome. Enquanto para os adultos ele não era mais do que um passatempo, com o qual se entretinham porque era moda, as crianças olhavam-no impressionadas, de boca aberta, com as mãos dadas para vencer o temor, enquanto o homem pálido, vestindo um abrigo escuro, com costelas muito protuberantes, desprezando até mesmo uma cadeira, ficava sentado na palha com um aceno polido de cabeça, respondia perguntas com um sorriso forçado e estendia o braço por entre as barras, para que pudessem sentir com as mãos sua magreza, quando então ele se recolhia uma vez mais em si mesmo, não se preocupava com mais ninguém, nem mesmo com as graves badaladas do relógio, que era o único móvel no interior da jaula, mas apenas olhava para o vazio com os olhos semicerrados e de vez em quando bebericava um gole d'água para umedecer os lábios.

Franz Kafka

Segundo Michel Foucault, "o que conta nas coisas ditas pelos homens não é tanto o que teriam pensado aquém ou além delas, mas o que desde o princípio as sistematiza, tornando-as, pelo tempo afora, indefinidamente acessíveis a novos discursos e abertas à tarefa de transformá-las" (Foucault, 1980/ 1998, p. XVIII).

Em consonância com este pensamento, se em trabalho anterior[1] desmitificamos a ideia de que anorexia e bulimia são fenômenos exclusivos da contemporaneidade, este trabalho propõe aprofundar alguns pontos ali abordados, pesquisando as prováveis causas do suposto crescimento da incidência desses distúrbios, tal como veiculado pela mídia — internet, jornais, revistas e programas de televisão.

Vimos que, à primeira vista, os distúrbios alimentares poderiam ser considerados decorrentes de uma sociedade capitalista na qual o belo equivale a estar magro; além disso, a felicidade, a saúde e o sucesso estão também vinculados à magreza. Constatamos que são inegáveis a capacidade e a força de mobilização exercidas sobre a população pelos meios de comunicação. No entanto, responsabilizar a mídia e os modelos de beleza da sociedade contemporânea por esses fenômenos é uma generalização insuficiente, ou seja, limitar-nos a explicar desta forma o enigma dos transtornos alimentares parece reduzi-lo a uma questão superficial, simplista e ingênua.

Afinal, em que faceta o psiquismo é fisgado?

Ao investigar os dados epidemiológicos, verificamos que eles contradizem a opinião da mídia, que aborda esse problema como uma epidemia moderna. De acordo com nosso estudo, não houve um aumento significativo no número de casos, e sim um aumento na busca de tratamento, provocado por uma maior conscientização das pessoas em

---

1 Monografia de especialização, intitulada *Anorexia e bulimia: da fenomenologia à metapsicologia*, defendida no Departamento de Psicologia da Universidade Federal de Minas Gerais, sob a orientação da Profa. Dra. Ana Cecília Carvalho.

relação a esses distúrbios. Além disso, constatamos que tais fenômenos não ocorrem apenas nas culturas em que o ideal de beleza está vinculado à magreza.

A partir disso, fizemos um percurso em Freud buscando os registros sobre transtornos alimentares, o que nos permitiu constatar que não se restringem a uma estrutura psíquica específica; podemos, por isso, considerá-los "transestruturais", termo jamais empregado por Freud.

Tendo em vista a constatação de que bulimia e anorexia não são distúrbios contemporâneos — ao contrário, existem há séculos, e em diferentes culturas —, e considerando que não estão vinculados apenas a uma única estrutura psíquica, interessa-nos fazer um recorte em nosso trabalho anterior com o intuito de investigar a anorexia mais profundamente.

Este recorte foi provocado pela seguinte assertiva freudiana no "Rascunho G", de 1895: "A neurose nutricional paralela à melancolia é a anorexia" (Freud, 1895/ 1969, p. 283). Instigados por tal afirmativa, a tomamos como ponto de partida para um estudo mais detalhado que contemplasse tal relação, acreditando que poderia trazer importantes contribuições ao tema da anorexia. Partiremos então da investigação sobre o significado epidemiológico, características, evolução histórico-conceitual dos registros e denominações dadas à anorexia, assim como da descrição do quadro clínico e sua evolução.

A seguir buscaremos entender como a medicina compreende e diagnostica esses transtornos. O interesse de buscar formulações sobre a anorexia na Psiquiatria deve-se ao fato de considerarmos que os critérios médicos nos auxiliam a mapear as modalidades nas quais o transtorno é registrado. Para isso, faremos um breve percurso pela categoria dos transtornos alimentares, tais como aparecem descritos no DSM IV-TR.[2] Com a intenção de fazer uma passagem da Psiquiatria à Psicanálise, examinaremos as pistas deixadas por Freud sobre a anorexia, destacando a assertiva freudiana no "Rascunho G". Veremos que, na época em que estava escrevendo o artigo "Luto e melancolia" (1917/2006), Freud pediu a apreciação de Karl Abraham (1970), que chegou a sugerir uma estreita ligação entre a melancolia e a fase oral do desenvolvimento libidinal. Estando de acordo com essa ideia, investigaremos então a relação entre a anorexia e a melancolia a partir das contribuições de Karl Abraham no livro *Teoria psicanalítica da libido: sobre o caráter e o desenvolvimento da libido* (1970). Veremos que tanto Abraham quanto Freud afirmam haver essa relação entre anorexia e melancolia, embora nenhum dos dois tenha se debruçado sobre essa questão.

Além disso, esta pesquisa nos levará a perceber que a bibliografia sobre o assunto ainda é escassa, tornando ainda mais instigante a relação proposta pela assertiva freudiana. Continuaremos nossa trajetória objetivando iluminar a clínica da anorexia a partir da melancolia, tema consideravelmente mais investigado por Freud do que o distúrbio alimentar, e retomado por ele através da elaboração do conceito de narcisismo. Freud sustenta que a melancolia é uma neurose narcísica, e que o narcisismo comporta uma teoria da identificação. O conceito de narcisismo, portanto, está no cerne da elaboração da melancolia, sendo fundamental para a compreensão de seu paralelo com a anorexia.

Na sequência, buscaremos investigar: a constituição narcísica do sujeito; a relação do autoerotismo com o narcisismo; a formação do Eu, como uma concepção intrínseca ao conceito de narcisismo; e o mecanismo de identificação melancólica, como forma de aproximação entre a me-

---

2 *Manual diagnóstico e estatístico de transtornos mentais*, 4ª edição revisada, 2003.

lancolia e a anorexia. Finalmente, destacaremos possíveis pontos de aproximação entre essas afecções, perquirindo, na obra de Freud, alguns conceitos e elaborações teóricas que nos ajudarão a desdobrá-los.

A fim de fazer uma amarração com a teoria, retomaremos na conclusão alguns relatos históricos presentes ao longo da dissertação; e, com o intuito de trazer o ponto vivo da clínica, lançaremos mão de fragmentos clínicos, assim como de um breve depoimento colhido em um blog "pró-anorexia".

Buscaremos ainda no saber da literatura um enriquecimento para a teoria. Nesse sentido, apresentaremos trechos do diário de Nuno Ramos, "Minha fantasma", e do conto de Franz Kafka, "O artista da fome" — que, além de abrir esta introdução, há de nos acompanhar passo a passo até o final de nosso percurso. Tal acento obedece à indicação de Freud em sua "Conferência XXXIII – Feminilidade", na qual ele nos aconselha a consultar os poetas caso desejemos saber mais:

> Isto é tudo o que tinha a dizer-lhes a respeito da feminilidade. Certamente está incompleto e fragmentário, e nem sempre parece agradável. Mas não se esqueçam de que estive apenas descrevendo as mulheres na medida em que sua natureza é determinada por sua função sexual. É verdade que essa influência se estende muito longe; não desprezamos, todavia, o fato de que uma mulher possa ser uma criatura humana também em outros aspectos. Se desejarem saber mais a respeito da feminilidade, indaguem da própria experiência de vida dos senhores, ou consultem os poetas, ou aguardem até que a ciência possa dar-lhes informações mais profundas e mais coerentes. (Freud, 1933-32/ 1969, p. 165)

Capítulo 1
Percurso histórico-clínico da anorexia

Mas por algum motivo ele não estava satisfeito jamais; talvez não fosse o jejum a causa de uma magreza tal que muitas pessoas, espantadas, viam-se obrigadas a evitar a apresentação porque não aguentavam vê-lo, mas a tal magreza era causada apenas pela insatisfação consigo próprio. Só ele, e nenhum outro iniciado, sabia o quão fácil era jejuar. Era a coisa mais fácil do mundo. Ele não fazia nenhum segredo a respeito, mas ninguém lhe acreditava, na melhor das hipóteses tinham-no por modesto, mas na maioria das vezes por alguém que queria chamar a atenção ou por um farsante puro e simples, a quem o jejum era fácil porque sabia como torná-lo fácil e que, ademais, tinha a petulância de fazer essa confissão.

Franz Kafka

1.1. A anorexia: do divino ao patológico

Por fora, serei como queira,
a moda, que me vai matando.
Que me levem pele e caveira

ao nada, não me importa quando.

Mas quem viu, tão dilacerados,
Olhos, braços e sonhos seus,
E morreu pelos seus pecados,
Falará com Deus.

Falará, coberta de luzes,
Do alto penteado ao rubro artelho
Porque uns expiram sobre cruzes,
outros, buscando-se no espelho.

Cecília Meireles

O termo anorexia apareceu na língua latina por volta de 1584. A palavra é derivada do grego *anorektos* (*an* = sem; *orexix* = desejo ou apetite), que significa falta, perda de apetite ou inapetência. Na língua portuguesa, encontramos dois adjetivos para designar "aquele que sofre de anorexia": anorético e anoréxico. Além de portar a definição médica do termo, a anorexia é uma forma de psicopatologia, na qual o indivíduo reduz a quantidade de alimentos por meio de uma dieta voluntária (Houaiss, 2001).

Cordás (1993), no artigo "Quando o medo de ficar gordo vira doença: anorexia e bulimia", alerta que, diferentemente do que podemos supor, as pessoas que apresentam esse distúrbio não se queixam de uma ausência de fome. Ao contrário, dizem que sentem muita fome, mas procuram controlá-la ou negá-la. Em seu livro *Transtornos alimentares: anorexia e bulimia*, indo ao encontro do pensamento de Cordás, Fernandes ressalta que, de acordo com a clínica psicanalítica, "tal recusa esconde um desejo que, pela sua intensidade e pela ambiguidade que ele desperta, só pode ser administrado por uma vontade obstinada em recusá-lo". (Fernandes, 2006, p. 57)

Assim, a anorexia se caracteriza, principalmente, por uma recusa em se alimentar; como consequência, há significativa perda de peso, que pode vir acompanhada de outros sintomas tais como amenorreia, prejuízo da função renal, problemas cardiovasculares e osteoporose. Weinberg e Cordás (2006), no entanto, afirmam que nem todo jejum autoimposto é necessariamente uma patologia. Nesse sentido, nem toda pessoa que pratica jejum é anoréxica. Eles afirmam que:

> Está claro que a abstenção voluntária de alimentos nem sempre é a manifestação de uma patologia, como o indicam as variadas formas de jejum, desde a greve de fome com fins políticos até o jejum como espetáculo, apresentados pelos artistas da fome, com a finalidade de ganhar dinheiro. (Weinberg & Cordás, 2006, p. 28)

Um exemplo desse comportamento não patológico de abstenção voluntária pode ser encontrado no Egito Antigo: quem tinha interesse em se iniciar nos mistérios de Isis e Osíris precisava ficar alguns dias sem se alimentar. "Os jejuns eram curtos e tinham como propósito específico a possibilidade de entrar em um estado de transe e receber visões sagradas" (Weinberg & Cordás, 2006, p. 21). Na Grécia, Hipócrates (460 - 370 a.C.) recomendava o jejum como forma de tratamento de algumas doenças, sem o intuito de privar ou mortificar o corpo, já que, de modo geral, os gregos se preocupavam em ter uma vida saudável, com a prática de exercícios físicos regulares e alimentação equilibrada (Weinberg & Cordás, 2006).

Segundo Fernandes (2006), as primeiras descrições de anorexia ocorreram na literatura teológica dos séculos V a XVI, nos casos de jovens jejuadoras. Até o século XV esse tipo de comportamento era vinculado ao discurso religioso; tais condutas eram interpretadas como escolha rumo ao divino, como uma aproximação a Deus, ou, ainda, como uma aniquilação em virtude da divinização. No início do século XVI, entretanto, esses jejuns passaram a ser percebidos como uma possessão demoníaca, relacionados ao mal e ao diabo.

Weinberg e Cordás (2006) relataram casos de algumas santas e beatas da Idade Média que foram consideradas anoréxicas por apresentarem esse tipo de comportamento: praticavam os jejuns autoimpostos com o objetivo de alcançar um ideal de ascese[3] e comunhão com Deus. Recusavam o alimento como forma de conservarem a virgindade, apagando do corpo as marcas da feminilidade, que instigam o desejo. Essa atitude não deixa de operar também como oposição ao "casamento arranjado" pelos pais, típico dessa época.

Um exemplo dessas jovens jejuadoras foi registrado ao longo da Idade Média: é o caso da santa Vilgeforte (do latim *virgo fortis*, "virgem forte"), que viveu entre os séculos VIII e X.[4] Era filha do rei de Portugal, que a prometeu em casamento ao rei da Sicília. Quando ficou sabendo dessa promessa, Vilgeforte ficou apavorada, e para não ter que se casar, jejuou até que perdesse os traços femininos e lhe crescesse uma penugem pelo corpo. Assustado diante de tamanha magreza, o rei da Sicília desistiu do casamento. O pai da moça, encolerizado, mandou crucificá-la (Weinberg & Cordás, 2006, p. 34).

Encontramos também o caso de Liduína de Schie-

---

3 Propósito de perfeição de vida espiritual, conjunto de práticas e disciplinas caracterizadas pela austeridade e autocontrole do corpo e do espírito (Houaiss, 2001). Apontamos já aqui a autopunição como um traço presente tanto na melancolia quanto na anorexia. A aproximação entre essas duas afecções (melancolia e anorexia) será articulada no terceiro capítulo deste trabalho.

4 De acordo com Weinberg e Cordás (2006), algumas referências sugerem que Vilgeforte tenha vivido entre os séculos VIII e X, mas a documentação e a imprecisão dos dados fazem com que alguns autores o considerem apenas uma lenda.

dam (1380-1433), que nasceu na pequena cidade de Schiedam, única mulher entre os oito irmãos de uma família pobre. Seus pais eram católicos, e educaram seus filhos sob os preceitos dessa religião. Na adolescência, Liduína começou a atrair o olhar e a atenção dos rapazes da cidade, que tinham intenção de casar-se com ela. Diante dessa situação, começou a pedir a Deus que lhe mandasse uma doença capaz de torná-la tão feia e disforme a ponto de afastar todos os pretendentes e causar horror. Passou a jejuar e, nos últimos anos de sua vida, alimentava-se apenas com pequenos pedaços de maçã.

Weinberg e Cordás (2006) relatam ainda o caso de Santa Catarina de Siena, filha de artesãos de Siena, cidade da Toscana, na Itália. Sua mãe, Lapa Piacente, teve 25 filhos, dos quais apenas 12 sobreviveram.

Figura 1. Liduína de Schiedam (1380-1433)

Catarina nasceu em 1347, quando sua mãe estava com 40 anos. Ela e sua irmã gêmea, Giovana, foram separadas logo depois do nascimento. Giovana foi confiada a uma nutriz (ama de leite) e acabou morrendo em seguida. Catarina foi alimentada no seio da mãe até completar um ano de idade. Nessa mesma época, sua mãe engravidou novamente de uma menina e lhe deu o mesmo nome da irmã gêmea já falecida. Aos sete anos, Catarina dedicou sua virgindade à Virgem Maria e decidiu abster-se de carne para sempre. Aos 16, Catarina perdeu sua irmã Giovana, e depois disso passou a se alimentar apenas de pão e ervas cruas. Além disso, diminuiu o tempo de sono, chegando a dormir apenas uma hora a cada dois dias. Com o passar do tempo, a restrição alimentar ficou ainda mais rígida. Às vezes, forçavam-na a comer, ocasião em que induzia vômitos. Também usava cilício e correntes de ferro para flagelar seu corpo três vezes ao dia. O estado de saúde de Catarina agravou-se, e a inanição gerou um estado psicológico que provocava experiências místicas e vigília constante. Em 1380, parou completamente de se alimentar. Faleceu no dia 29 de junho desse mesmo ano, aos 33 anos, por desnutrição. Catarina foi escolhida por outras jovens, santas e beatas, como exemplo a ser seguido. Além do mais, foi nomeada

Figura 2. Santa Catarina de Siena (1347-1380)

pela Igreja Católica, ao lado de Santa Teresa de Ávila e Santa Teresa de Lisieux, como uma das três Doutoras da Igreja.

Outro caso que merece destaque é o de Maria Madalena de Pazzi, nascida em Florença, no ano de 1566. Aos 16 anos, ingressou no convento Carmelita de Santa Maria dos Anjos, onde recebeu seus votos e trocou seu nome de batismo, Caterina, passando a chamar-se Maria Madalena. De acordo com Weinberg e Cordás (2006), aos 19 anos passou a restrin-

Figura 3. Maria Madalena de Pazzi (1566-1607)

gir sua alimentação. Para justificar tal conduta, dizia que estava sendo orientada por Deus. Depois de algum tempo, passou a alimentar-se apenas de pão e água. As superioras, observando seu comportamento em relação à alimentação, forçavam-na a comer uma maior quantidade de comida, mas sempre que isso acontecia, ela provocava vômitos. Em alguns momentos era surpreendida comendo alguns alimentos vorazmente, sempre às escondidas. Como forma de punir-se por ter cedido às tentações e comido além do permitido, dormia poucas horas, ficava nua sobre troncos de madeira no chão e tomava banhos gelados no inverno.

Assim como outras jovens,[5] Maria Madalena de Pazzi foi influenciada pelos escritos deixados por Santa Catarina de Siena (Weinberg & Cordás, 2006).

Weinberg e Cordás (2006) relatam ainda o caso de Santa Rosa de Lima, nascida no dia 20 de abril de 1586, filha de Dom Gaspar Flores e de Dona Maria de Oliva. Quando criança, era obediente e trabalhadora, e tinha o hábito de passar longos períodos no altar. Depois de ter acesso à história da vida de Santa Catarina de Siena, começou a jejuar pelo menos três vezes por semana e a se submeter a severas penitências. Aos 20 anos entrou para a Irmandade da Terceira Ordem da Penitência de São Domingos, e os jejuns e penitências se agravaram. Passou a ficar dias se alimentando apenas de mel e ervas amargas. Usava

Figura 4 - Santa Rosa de Lima (1586-1617), óleo sobre tela de Carlo Dolci.

5 Weinberg e Cordás (2006) relatam os casos de outras jovens que se inspiraram nos relatos deixados por Santa Caterina de Siena, como, por exemplo, Santa Verônica Giuliani (1660-1727).

uma coroa de espinhos de metal que escondia sob uma fileira de rosas, assim como uma cinta de ferro na cintura. Quando já não aguentava ficar em pé, descansava em uma cama de vidro picado, pedras e espinhos que ela mesma construíra.

O historiador americano Rudolph Bell publicou em 1985 um importante estudo sobre santas que apresentavam condutas posteriormente vinculadas às práticas anoréxicas, *Holy Anorexia*, no qual pesquisou escritos, cartas e outros documentos relativos a 261 mulheres italianas reconhecidas como santas pela Igreja Católica Romana. Tendo vivido entre 1200 e a época em que o livro foi escrito, essas mulheres apresentavam sintomas de anorexia, razão pela qual ficaram conhecidas como as "santas anoréxicas".[6] Dentre os casos relatados no livro encontramos o caso de Santa Catarina de Siena, Santa Verônica Giuliani, Santa Rosa de Lima, Santa Francesca de Poniziani e Santa Maria Madalena de Pazzi. Vale lembrar que naquela época o ato voluntário de recusar alimentos era percebido como sacrifício e devoção à religião.

Com o desenvolvimento da ciência a partir do século XVII, o discurso médico começou a se voltar para casos que apresentavam sintomas de anorexia. O jejum voluntário deixou de ser um comportamento relacionado ao divino e ao profano e passou a ser abordado como um quadro mórbido, provocado por algum distúrbio orgânico. De acordo com Fernandes (2006), as primeiras descrições clínicas da anorexia foram feitas em 1669 por J. Reynolds. Em 1694, o médico inglês Richard Morton publicou uma obra intitulada *Tisiologia sobre a doença da consunção*, na qual descreveu um quadro denominado

---

6 Por apresentar um certo anacronismo, podemos pensar aqui numa possível crítica à expressão "santas anoréxicas", já que a visão de mundo medieval não corresponde, em termos epistemológicos, ao discurso da ciência moderna.

"consunção nervosa" cujas características eram semelhantes à anorexia.

A consunção nervosa apresentava três características principais: perda do apetite, amenorreia e redução significativa do peso. O autor relatou o caso de Miss Duke, uma jovem de 18 anos que teve o ciclo menstrual interrompido e, na mesma época, perdeu o apetite e começou a se queixar de má digestão. Sua pele ficou flácida e pálida, seus pelos haviam caído, mas mesmo com todos esses sintomas ela recusou qualquer tratamento e negligenciou os cuidados consigo durante dois anos. Além disso, apresentava-se hipotérmica, hipotensa e bradicardíaca, embora não possuísse nenhuma doença orgânica que justificasse essas características (Herscovici & Bay, 1997; Fernandes, 2006).

Não conseguindo encontrar a causa orgânica que havia desencadeado esse quadro, Morton cogitou uma proposta teórica, um ponto norteador de seu estudo: a influência dos processos psíquicos e emotivos na origem dos transtornos alimentares. O autor destacou também que, mesmo com toda a precariedade orgânica, as anoréxicas não se tornavam frágeis e queixosas diante de seus sintomas. Miss Duke se recusou a dar prosseguimento ao tratamento e acabou falecendo três meses depois. De acordo com relato de Morton,

> No mês de julho, caiu vítima da supressão total de suas Menstruações, por causa de uma multiplicidade de Inquietudes e Paixões de sua Mente (...). A partir do que seu Apetite começou a diminuir e sua digestão passou a ser má, também suas carnes começaram a ficar flácidas e seu rosto começou a empalidecer (...). Passou a estudar à Noite, continuamente dedicada aos Livros e a expor-se, tanto de Dia como à Noite, às Lesões do Ar (...). Em

toda a minha prática, não recordo ter visto alguém tão conversador com os seres vivos, apesar de estar tão dilapidada, ao grau máximo de Extenuação (igualando-se a um Esqueleto, coberto apenas pela Pele); entretanto, não tinha Febre, mas, pelo contrário, uma frialdade em todo o Corpo (...). Apenas seu Apetite tinha diminuído e sua digestão tinha-se intranquilizado com Episódicos Desmaios, que se repetiam com frequência. (Morton *apud* Herscovici & Bay, 1997, p. 21)

Em Edimburgo, na Escócia, o médico Robert Whytt descreveu em 1764 o caso de um menino de 14 anos que passava longo tempo recusando alimentos. Os jejuns eram intercalados com momentos de grande ingestão de alimentos, seguidos de vômitos. O autor, que conferiu um estatuto orgânico a esse tipo de comportamento, acreditava que a recusa alimentar estava relacionada aos nervos gástricos e, por isso, nomeou esse quadro de *atrofia nervosa* (Merlin & Araújo, 2002).

De acordo com Busse e Silva (2004), o médico inglês Robert William publicou em 1790 um texto intitulado "Um caso marcante de abstinência", no qual descreveu um caso clínico que apresentava características semelhantes à anorexia. A paciente apresentava perda de apetite, redução significativa de peso e amenorreia. No início do século XIX, o médico francês Philipe Pinel fez uma reflexão sobre conduta alimentar, mostrando os eventos de compulsão e de recusa alimentar. Nesse estudo, enfatizou a dimensão social e cultural desses comportamentos e os classificou como *neuroses das funções digestivas*. De acordo com Bidaud (1998), as práticas alimentares participam de um conjunto de regras, rituais e interdições que se situa no contexto de cada época.

Em 1859, durante o encontro da Société Médico-

-Psycologique em Paris, Louis-Victor Marcé apresentou o artigo "*Note sur une forme de delire hypocondriaque consécutive aux dyspepsies et caractérisée principalement par le refus d'aliments*" ("Nota sobre uma forma de delírio hipocondríaco em consequência de dispepsias e caracterizada principalmente pela recusa de alimentos"), no qual afirmou que existem várias formas de dispepsia (disfunção digestiva), algumas delas tendo chamado sua atenção por suas peculiaridades — por exemplo, o fato de serem meninas, no período da puberdade, convictas de não poder ou não dever comer, além de apresentarem inabalável resistência à alimentação. Marcé apresentou dois casos de mulheres jovens que criaram inúmeras estratégias para não comer e demonstravam resistência maciça e inflexível à comida. Ao longo desse estudo, afirma que há um deslocamento da desordem orgânica, estomacal, para uma alteração delirante e, portanto, mental. Destaca ainda o estado de debilidade atingido por essas jovens. Nas palavras do autor:

> Vemos, por exemplo, meninas que, no período de puberdade e após um desenvolvimento precoce, se tornam sujeitas a uma inapetência levada aos limites mais extremos. Não importando a duração de sua abstinência, a comida lhes causa um desgosto tal que mesmo o impulso mais urgente é incapaz de ultrapassá-lo. Para outras, não falta o apetite (...). Altamente impressionadas, tanto pela ausência de apetite quanto pelo desconforto causado pela digestão, essas pacientes atingem uma convicção delirante de que não podem ou não devem comer. Em uma palavra, a desordem gástrica nervosa se torna cérebro-nervosa.
>
> É fácil prever as consequências desta nova condição mórbida (...). O estômago digere perfeitamente aquilo que recebe, mas no fim das contas trata de se contentar

com as mais debilitadas doses de nutrição (...). É verdade então que o emagrecimento se agravou ao máximo; todos os vestígios de tecido adiposo haviam desaparecido, e os pacientes estavam reduzidos a esqueletos. Os dentes escureceram, a boca se tornou seca e a língua vermelha e estriada; o intestino ficou tão preso que se tornou difícil expelir uma vez a cada 15 dias; a pele ficou seca e enrugada, o pulso se tornou filiforme e insensível, e todos os sintomas que precedem a morte por inanição estavam claramente presentes. A fraqueza logo se tornou tão grande que os pacientes mal podiam dar poucos passos sem serem acometidos de um desmaio. (Marcé, 1860, p. 264)[7]

Marcé acreditava que para serem tratadas essas pacientes deveriam ser afastadas do ambiente familiar. Se continuassem recusando o alimento, os responsáveis pelo tratamento deveriam forçá-las a comer e, caso necessário, a alimentação deveria ser administrada através de uma sonda. De acordo com Busse e Silva (2004), embora tenha

---

7 Tradução da autora. No original: *We see, for instance, young girls, who at the period of puberty and after a precocious physical development, become subject to inappetency carried to the utmost limits. Whatever the duration of their abstinence they experience a distaste for food, which the most pressing want is unable to overcome; with others the appetite is not wanting.... Deeply impressed, whether by the absence of appetite or by the uneasiness caused by digestion, these patients arrive at a delirious conviction that they cannot or ought not to eat. In one word, the gastric nervous disorder become cerebro-nervous.*
It is easy to foresee the consequences of this new morbid condition.... the stomach digests perfectly what is committed to it, but in the end it comes to content itself with the feeblest doses of nourishment.... it is true that then attenuation proceeded to the last degree; all trace of adipose tissue had disappeared, and the patients were reduced to skeletons; the teeth blackened, the mouth became dry and the tongue red and furrowed; the constipation was such that it was difficult to provoke the expulsion once a fortnight .... the skin became dry and wrinkled, the pulse filiform and insensible, and all the symptoms preceding death for inanition were strikingly displayed; the weakness soon became so great that the patients could scarcely walk a few steps without being seized with fainting.

trazido importantes contribuições para o estudo dos transtornos alimentares, Marcé acabou não recebendo o devido reconhecimento pelo meio científico porque faleceu antes de conquistar um lugar de destaque no cenário médico da época.

Ainda em 1859, o médico William Stout Chipley relatou no *American Journal of Insanity* alguns casos diagnosticados como sitiofobia.[8] Seus pacientes tinham como característica principal um "terror à comida", e sua recusa a se alimentar foi abordada como um sintoma secundário de várias formas de insanidade. Alguns pacientes não comiam porque acreditavam que a comida estava envenenada; outros diziam que recebiam comandos divinos ou escutavam vozes que lhes ordenavam não comer. Chipley relatou também a história de pacientes histéricas; caracterizadas como mulheres sensíveis e bem-nascidas, buscavam atrair a atenção daqueles que as cercavam por meio da rejeição alimentar (Weinberg & Cordás, 2006).

Note-se que, até esse momento, embora os documentos existentes relatem sintomas relacionados ao transtorno alimentar, a anorexia ainda não era vista como uma entidade clínica independente, o que veio a ocorrer apenas na segunda metade do século XIX. As contribuições mais importantes nesse sentido vêm de William Gull (Inglaterra, 1868) e de Charles Lasègue (França, 1873). Ambos perceberam uma contradição entre a não ingestão do alimento e o prazer, e também levantaram algumas considerações sobre a bulimia.

Professor do Guy's Hospital e membro da Clinical Society, ambos em Londres, durante o encontro da British Medical Association em Oxford (1868) Gull descreveu alguns casos de inanição prolongada e os denominou "apep-

---

8 Cf. Houaiss (2001): recusa absoluta de alimento.

sia histérica"; seus sintomas eram extremo emagrecimento, perda de apetite, amenorreia e constipação. Ao relatar o caso de uma paciente atendida em 1866, uma adolescente de 17 anos que ele chamou de Srta. A., Gull observou que ela não se queixava de seus sintomas; não sentia dores, e, em alguns raros momentos, possuía um apetite devorador. Conforme sua descrição:

> Sua emancipação estava muito avançada. Foi-me dito que tinha perdido 33 libras de peso (15kg)... o abdômen havia encolhido e estava chato, colapsado... O caso foi considerado como de anorexia simples. Indicaram-se diversos remédios... mas não se pôde perceber nenhum efeito a partir de sua administração. A dieta também foi variável, mas sem nenhum efeito sobre o apetite. Ocasionalmente, durante um ou dois dias, o apetite foi voraz, mas isto era muito excepcional. A paciente não se queixava de nenhuma dor, mas estava inquieta e ativa. De fato, isto era uma manifestação surpreendente de seu estado nervoso, já que parecia praticamente impossível que um corpo tão dilapidado pudesse suportar o exercício, que parecia lhe cair bem... (supressão no original). (Gull *apud* Herscovici & Bay, 1997, p. 22)

De acordo com Weinberg e Cordás (2006), para chegar ao diagnóstico de distúrbio alimentar a primeira preocupação de Gull era excluir a existência de tuberculose e doenças intestinais. Como forma de tratamento, recomendava que as pacientes fossem alimentadas a cada duas horas e ficassem em repouso. Além disso, indicava o afastamento do ambiente doméstico, como já fazia Marcé em 1859, visto que a presença da família e dos amigos poderia prejudicar o tratamento.

Em 1874, Gull renomeou a apepsia histérica como

"anorexia nervosa", termo que vigora até os dias atuais nos manuais diagnósticos dos transtornos mentais como, por exemplo, o DSM IV-TR.[9] As características de transtornos alimentares descritas nesse manual serão objeto do próximo capítulo.

Na mesma época em que Gull desenvolvia seu trabalho na Inglaterra, Lasègue pesquisava esses sintomas na França. Mais tarde, em 1884, o médico francês escreveu um texto intitulado *"De L'anorexie Hystérique"*, publicado nos *Archives Générales de Médecine* — um marco importante na história da anorexia —, onde faz uma cuidadosa e detalhada descrição dos sintomas relacionados a esse distúrbio, que permanece válida até os dias atuais. Além disso, ao relatar os casos clínicos Lasègue lançou luz sobre alguns pontos relevantes para o trabalho com anoréxicos, tais como a direção do tratamento, a relação do paciente com a família, com os amigos, com o médico e com o próprio sintoma, tendo o cuidado de abordar também a relação do médico com a família do paciente. O quadro clínico foi denominado "anorexia histérica":

> Quando, depois de vários meses, a família, o médico, os amigos veem a persistente inutilidade de todos os esforços, começa a inquietude e, com ela, o tratamento moral. É nesse momento que se desenha a perversão mental, característica quase exclusiva dela e que justifica a denominação que, na falta de outra melhor, propus como *anorexia histérica*. (Lasègue, 1884, p. 53)[10]

Assim como Gull e Marcé, no que se refere ao trata-

---

9 *Manual diagnóstico e estatístico de transtornos mentais*, 4ª edição revisada, 2003.
10 Tradução da autora. No original: *Quand, après plusieurs mois, la famille, le médecin, les amis voient l'inutilité persistante de tous les efforts, l'inquiétude commence et avec elle le traitement moral, c'est à ce moment que va se dessiner la perversion mentale, qui à elle seule est presque caractéristique et qui justifie le nom que j'ai proposé faute de mieux, d'anorexie hystérique.*

mento Lasègue acreditava que o paciente deveria ser afastado do âmbito familiar e submetido a um tratamento moral. Como vimos na citação acima, o autor destaca a ineficácia dos tratamentos médicos quando feitos isoladamente, pois não se trata de uma doença de causa orgânica e, portanto, não poderá ser tratada como tal.

É importante enfatizar que o texto de Lasègue é um instrumento imprescindível para todos aqueles que desejam pesquisar os distúrbios alimentares, levando-se em conta a ênfase dada à influência dos aspectos psíquicos.

Analisando textos e estudos, Massimo Recalcati (2004) afirma em *La ultima cena* que as posições de Lasègue diferem das de Gull: este sustenta a hipótese de que há uma distinção entre a "anorexia histérica" e a "anorexia nervosa primitiva", enquanto aquele insiste em incluir todos os modos de anorexia no âmbito da histeria. Gull não concordava com a utilização do termo histérico — referente a útero — para denominar o distúrbio, pois acreditava que a anorexia não se restringia às mulheres.

Em 1883, pesquisando a relação entre a anorexia e a histeria, o psiquiatra Charles Huchard corroborou as ideias propostas por Gull e as distinguiu, por considerar que alguns casos de anorexia não apresentavam sintomas da histeria, como paralisia, conversão e cegueira. Assim, Huchard propõe, naquela época, uma nova denominação para o quadro: "anorexia mental".[11]

---

11 Busse e Silva (2004) afirmam que essa terminologia foi difundida e popularizada na França por Sollier, em 1895. Vale ressaltar que Jacques Lacan empregou o termo "anorexia mental" em vários momentos de sua obra. Como exemplo, temos as lições de 27 de fevereiro e de 22 de maio de 1957, publicadas no *Seminário, livro 4, A relação de objeto* (1995); a lição de 2 de julho de 1958, publicada no *Seminário, livro 5, As formações do inconsciente* (1999); a lição de 15 de maio e 21 de junho de 1961, publicada no *Seminário, livro 8, A transferência* (1992); a lição de 3 de julho de 1963, publicada no *Seminário , livro 10, A angústia* (2005) e as lições de 4 de março e 27 de maio de 1964, publicadas no *Seminário, livro 11, Os quatro conceitos fundamentais da psicanálise* (1998).

Entretanto, pouco tempo depois, o médico do Salpêtrière e professor da Faculdade de Medicina de Paris Jean-Marie Charcot concordaria com as ideias de Lasègue no que se refere à relação entre a anorexia e a histeria, abordando a primeira como um sintoma da segunda.[12] De acordo com Weinberg e Cordás (2006), as contribuições feitas por Charcot sobre a anorexia estão descritas na palestra XVII, intitulada "O isolamento no tratamento da histeria", proferida em 1885. Nessa exposição, Charcot enfatizou o tratamento da anorexia ao afirmar que o paciente deveria ser retirado do local onde a doença se originou, a mesma forma de tratamento realizada por Marcé em 1859, por Gull em 1868 e por Lasègue em 1873.

No entanto, Charcot, tal como Lasègue, defendia um tratamento mais radical, pois acreditava que o único método eficaz no tratamento da anorexia era o isolamento terapêutico. Os pacientes deveriam ser internados e, enquanto não houvesse uma melhora, deveriam ser privados das visitas de familiares e de amigos. Para provar a eficácia do seu método, Charcot apresentou o caso de uma paciente adolescente, de 13 ou 14 anos, que recusava todos os alimentos que lhe eram oferecidos e tinha a aparência de um "esqueleto vivo". O médico pediu que a família a internasse em um local por ele indicado, e depois de dois meses ela já havia se recuperado. Ao falar sobre uma postura mais firme e atuante do médico diante da paciente, Charcot parece discordar de Lasègue, que afirma que para evitar qualquer tipo de interferência o profissional deve manter distância do paciente (Weinberg & Cordás, 2006).

Depois de Marcé, Gull, Lasègue e Charcot, outros

---

12 De acordo com Weinberg e Cordás (2006), "A histeria a que se referiam eles, no entanto, não estava filiada à *grande neurose*, tal como era compreendida na época pré-freudiana, mas como algo que se apresentava como uma perversão do sistema nervoso central (sustentada por uma lesão cerebral) e ao mesmo tempo como perversão moral (porque a paciente se compraz com a doença e não deseja curar-se)". (Weinberg & Cordás, 2006, p. 68).

médicos abordaram a anorexia de diversas formas. Como veremos a seguir, Pierre Janet (1908) a relacionava a fatores emocionais. Simmonds (1914) a relacionava a problemas orgânicos, como o déficit de zinco e a atrofia do lobo anterior da hipófise.

Em 1908, Pierre Janet (1859-1947), aluno de Charcot, distinguiu duas formas de anorexia: a obsessiva e a histérica. Na anorexia obsessiva, os pacientes continuavam sentindo vontade de comer, mas recusavam o alimento porque tinham medo de engordar, além de sentirem vergonha do próprio corpo e apresentarem aversão a ele. Já na anorexia histérica, havia real inapetência e a presença de sintomas somáticos, além de vômitos e regurgitação. Janet considerava que a perda de apetite estava relacionada a fatores emocionais (Galvão; Claudino & Borges, 2006).

Em 1914, Simmonds descreveu um caso fatal de caquexia no qual a autópsia revelou a destruição da glândula pituitária. Essa evidência levou-o a concluir, precipitadamente, que os pacientes anoréxicos teriam esse distúrbio por uma alteração orgânica. Isso provocou uma confusão entre a *doença de Simmonds* (insuficiência pituitária) e a anorexia, e o equívoco só foi desfeito em 1948, quando Sheehan e Summer provaram que, apesar de possuírem sintomas comuns, ambas se diferenciavam tanto nas manifestações comportamentais quanto nos aspectos físicos.

Ainda no início do século XX, Sante de Sanctis (1924) propôs em seu livro *Neuropsichiatria Infantile* que a anorexia fosse considerada como uma psicose de cunho histérico, denominando-a "psicose histérica". Em 1950, a psiquiatra Hilde Bruch começa a investigar os distúrbios alimentares e, em 1973, publica o livro *Eating Disorders: Obesity, Anorexia Nervosa, and the Person Within*, no qual salienta alguns aspectos importantes relacionados à anorexia, como alteração da imagem corporal, falta de autonomia e deturpação dos sinais e das necessidades nutricionais do corpo. Bruch introduz a relação da anorexia com o ideal de magreza, e denomina "anorexia primária" os casos que apresentam a busca implacável pela magreza como motivação central para o desencadeamento desse distúrbio. Nas outras formas de anorexia, "a perda de apetite é secundária a outras doenças psiquiátricas, como histeria, depressão e esquizofrenia" (Galvão; Claudino & Borges, 2006, p. 34).

Ainda na década de 1970, Gerald Russell sugere três critérios para diagnosticar a anorexia: comportamento dirigido a produzir perda de peso; medo mórbido de engordar; e distúrbio endócrino, como a amenorreia nas mulheres e a impotência sexual nos homens. Esse autor também faz importantes considerações sobre a bulimia.

Na década de 1980, acreditando que a anorexia estaria vinculada a aspectos psicológicos e biológicos, Arthur Crisp sugere o termo "fobia de peso", afirmando que a não ingestão de alimentos que contêm hidratos de carbono, juntamente com a perda de peso, são capazes de interferir na regulação que o sistema nervoso central faz da menstruação e, assim, interferem também na forma de regressão, que impede os "conflitos do crescimento", a independência pessoal e a sexualidade (Hercovici & Bay, 1997).

1.2. Cada vez menos...

A fome não é a última instância para o homem. Houve até homens que dela zombaram, deliberadamente, para mostrar que a alma humana não poderia ser dirigida pela pressão da necessidade ou pela ameaça da dor.

Rabindranath Tagore

Os casos relatados ao longo da história mostram que as anoréxicas não apresentavam qualquer incômodo com os sintomas relacionados a esse transtorno. Um exemplo é o caso de Miss Duke, relatado por Richard Morton. Notamos que os pacientes apresentam absoluta despreocupação pela perda de peso excessiva, sem esboçar reação diante do emagrecimento. Efetivamente, nos casos pesquisados ao longo da história e nos apresentados no NIAB[13] observa-se que os sintomas vinculados ao distúrbio alimentar aparecem como algo sem importância, como "pano de fundo", não possuindo conotação de uma queixa a ser tratada, de um incômodo ou de uma dor da qual o paciente deseja se livrar.

Já em 1884, em "*De L'anorexie Hystérique*", Lasègue realçava esse ponto ao observar que os anoréxicos não sofrem com as restrições alimentares, chegando a sentir prazer em ficar sem comer.

O que predomina no estado mental da histérica é, antes de tudo, uma quietude, eu diria quase um contentamento verdadeiramente patológico. Não somente ela deixa de suspirar após a cura, mas se compraz nessa condição apesar de todas as contrariedades que ela lhe suscita. Não acredito estar me excedendo se comparo essa satisfação complacente à obstinação do alienado (...). "Não sofro, logo me encontro bem", tal é a fórmula que substitui a precedente "não posso comer porque sofro", sempre no mesmo tom. Escutei os doentes repetirem tantas

---

13 O NIAB — Núcleo de Investigação em Anorexia e Bulimia do Hospital das Clínicas da Universidade Federal de Minas Gerais — iniciou suas atividades de estudo e investigação sobre o tema em 1999. Em 2004, deu início à assistência a pacientes com sintomas anoréxicos e bulímicos, acolhendo demandas provenientes de toda a rede pública de saúde de todo o Estado de Minas Gerais. O núcleo conta com uma equipe de profissionais de diversas áreas, como pediatras, clínicos, psiquiatras, psicólogos e psicanalistas interessados em trabalhar com distúrbios alimentares, formando um grupo interdisciplinar.

vezes esta frase que atualmente ela representa para mim um sintoma, quase um sinal. (Lasègue, 1884, p. 13)[14]

Atualmente, essa característica continua sendo um aspecto intrigante. Fernandes (2006) também destaca essa quietude do anoréxico frente ao sintoma, acrescentando também que os anoréxicos são extremamente autodisciplinados, ocupam grande parte do seu tempo organizando e cumprindo um rígido programa alimentar por meio de uma dieta autoimposta. O emagrecimento é a prova da eficácia de seus métodos e sua disciplina; já o ganho de peso é percebido como o inaceitável fracasso de seu autocontrole.

No que se refere à adaptação social, Fernandes afirma que os parentes dos anoréxicos os descrevem como pessoas extremamente normais, exemplares, muito exigentes, competentes e perfeccionistas. Observa ainda "um aparente desinteresse por toda forma de sexualidade genital e uma hiperatividade intelectual e motora" (Fernandes, 2006, p. 64). Parecem estar sempre preocupados com uma excelente adaptação às normas, às tarefas profissionais e estudantis. Não obstante, nem todas as pessoas que possuem esse perfil são anoréxicas ou possuem uma predisposição a este distúrbio.

A anorexia é uma patologia que se instala de maneira lenta e progressiva, de forma tão silenciosa que, na maioria das vezes, fica difícil para os familiares e amigos perceberem o momento exato em que o distúrbio começou.

Lasègue descreve a evolução do transtorno em três fases principais. Na primeira, acontece o desencadeamen-

---

14 Tradução da autora. No original: *Ce qui domine dans l'état mental de l'hystérique, c'est avant tout une quiétude, je dirais presque un contentement vraiment pathologique. Non seulement elle ne soupire pas après la guérison, mais elle se complaît dans sa condition malgré toutes les contrariétés qu'elle lui suscite. En comparant cette assurance satisfaite à l'obstination de l'aliéné, je ne crois pas excéder la mesure (...). Je ne souffre pas, donc je suis bien portante, telle est la formule monotone qui a remplacé la précédente ; je ne peux pas manger parce que je souffre. Cette phrase, je l'ai entendu répéter tant de fois par les malades que maintenant elle représente pour moi un symptôme, presque un signe.*

to e a instalação do transtorno. Nesse momento, o sujeito pode deixar de se alimentar como resposta a um evento importante, como um luto, um acidente, uma separação, uma decepção, uma dor de cabeça. A falta de apetite parece ser um episódio isolado, mas a repugnância em se alimentar continua, e evolui de forma lenta e progressiva.

De acordo com Lasègue, essa primeira fase pode ser assim descrita:

> Pouco a pouco ela reduz sua nutrição, tendo como pretexto uma dor de cabeça, uma falta de apetite momentânea ou o medo de que se repitam as impressões dolorosas que se seguem à refeição. Depois de algumas semanas, já não se trata de uma aversão que parecia passageira, mas de uma recusa a se alimentar que se prolongará indefinidamente. A doença está declarada, e irá seguir sua trajetória de forma tão fatal que é fácil prognosticar o que está por vir. (Lasègue, 1884, p. 8)[15]

Na segunda fase, o desconforto e o mal-estar descritos inicialmente, que alicerçaram a instalação da doença, dão lugar ao otimismo e ao bem-estar. A dieta alimentar autoimposta vai ficando cada vez mais rígida, os pacientes comem cada vez menos e, às vezes, restringem a dieta a apenas um tipo de alimento. Nesse período, não há sinais de anemia ou de qualquer outra doença orgânica comprovada; ao contrário, costumam ficar bem-dispostos e alegres. O único sintoma aparente é a perda de peso. Por outro lado, os familiares começam a se preocupar, ficam

---

15 Tradução da autora. No original: *Peu à peu elle réduit sa nourriture, prétextant tantôt un mal de tête, tantôt un dégoût momentané, tantôt la crainte de voir se répéter les impressions douloureuses qui succèdent au repas. Au bout de quelques semaines, ce ne sont plus des répugnances supposées passagères, c'est un refus de l'alimentation qui se prolongera indéfiniment. La maladie est déclarée, et elle va suivre sa marche si fatalement qu'il devient facile de pronostiquer l'avenir.*

incomodados e inquietos com o silêncio e a passividade do anoréxico diante do próprio emagrecimento. Passam, então, a interferir e a adverti-los sobre esses sintomas. Chegam, às vezes, a procurar ajuda profissional. Contudo, isso pode provocar um aumento de resistência por parte do anoréxico:

> O componente depressivo do início dá lugar a certo equilíbrio conquistado às custas da restrição alimentar e do emagrecimento. As interferências do emagrecimento só fazem aumentar a determinação da jovem anoréxica na continuidade do seu projeto. O sentimento de controle de si, de suas necessidades corporais e, consequentemente, dos outros, parece ser nesse momento uma fonte de satisfação. Em geral, se a família ainda não procurou ajuda profissional na primeira fase, é durante essa segunda fase que se evidencia a urgência de uma intervenção profissional. É marcante a angústia da família diante da inquietante indiferença ou mesmo do inquietante 'bem-estar' apresentado por grande parte dessas jovens com o próprio emagrecimento. (Fernandes, 2006, p. 65)[16]

Charles Lasègue descreve ainda um terceiro período na evolução do distúrbio, afirmando que esse momento é marcado por uma incapacidade orgânica. O corpo não suporta mais tanta escassez e começa a apresentar algumas debilidades, tais como a amenorreia, a retração das paredes abdominais, a diminuição da elasticidade acompanhada da opacidade da pele, a constipação, que não cede mais ao excessivo uso de laxantes.

Quando a doença chega a atingir esse terceiro estágio, a situação já atingiu o nível mais grave. Mesmo assim,

---

16 Para Fernandes (2006), depois desse segundo período, a evolução do quadro irá se organizar de maneira singular, de acordo com cada paciente e com o método terapêutico utilizado.

quem se preocupa é a família, que fica desesperada com os sintomas e com a resistência do anoréxico a perceber-se como alguém que possui um distúrbio. Se procura tratamento, raramente o anoréxico o aceita com tranquilidade, pois não acata todas as recomendações e procedimentos determinados pelo médico. Na maioria dos casos, o paciente segue parte das indicações, mas não renuncia aos seus objetivos e ideais. Sobre essa atitude da paciente diante do tratamento, Lasègue afirma:

> Dois caminhos se abrem, então, diante da doença: ou a pessoa está bastante relaxada e torna-se obediente sem restrições, o que é o caso mais raro, ou cede a uma semidocilidade, com a esperança evidente de que evitará o perigo sem renunciar às suas ideias e, talvez, ao interesse que inspira sua doença. Esta segunda tendência, de longe a mais comum, complica enormemente a situação. Não é uma tarefa fácil restabelecer o funcionamento regular de um estômago condenado depois de tanto tempo em repouso: alternamos acertos e insucessos, e, frequentemente, os resultados são insuficientes. Conheço doentes que após dez anos do início da doença ainda não recuperaram a capacidade de se alimentar como todo mundo; estão vivos, sua saúde não está profundamente afetada, mas é necessário que essa melhora represente um processo de cura. (Lasègue, 1884, p. 20)[17]

17 Tradução da autora. No original: *Deux directions s'ouvrent alors devant la malade: ou elle est assez détendue pour devenir obéissante sans restriction et c'est le cas le plus rare, ou elle accède à une demi-docilité avec l'espérance évidente qu'elle conjurera le péril sans renoncer à ses idées et peut-être à l'intérêt qu'inspire sa maladie. Cette seconde tendance de beaucoup la plus commune complique énormément la situation. Ce n'est pas chose facile que de rétablir le fonctionnement régulier de l'estomac condamné depuis si longtemps au repos : on passe par des alternatives de réussite et d'insuccès, et souvent on n'obtient qu'un résultat insuffisant. Je connais des malades que depuis dix ans, époque à laquelle remonte le début de la maladie, n'ont pas récupéré l'aptitude à se nourrir comme tout le monde ; elles vivent, leur santé n'est pas profondément affectée, mais il s'en faut que cet amendement représente la guérison.*

Podemos considerar, até aqui, que a descrição da evolução clínica delineada por Lasègue nos ajuda a compreender, de forma esquemática, o processo da anorexia. Entretanto, devemos lembrar que, na clínica, a diversidade e a complexidade dos sintomas são imprevisíveis: o desenvolvimento da anorexia não acontece sempre da mesma forma, dependendo da singularidade de cada caso — e isso interessa à psicanálise. No entanto, é importante entender que, para desenvolver pesquisas e levantamentos estatísticos — como o número de pessoas que sofrem de determinada patologia ou a investigação sobre se determinada doença acomete apenas homens ou mulheres de determinada faixa etária — a medicina precisa estabelecer critérios de diagnóstico.

Capítulo 2
Da psiquiatria à psicanálise

E se acaso surgisse alguém de bom humor, que o admirasse e quisesse explicar que provavelmente a causa daquela tristeza era a fome, podia acontecer, em especial nos estágios mais avançados do jejum, que o artista da fome reagisse com um acesso de raiva e, para o terror de todos, começasse a sacudir as grades da jaula como um animal (...) a partir daí começava a discutir a alegação duvidosa feita pelo artista de que poderia jejuar por muito mais tempo; elogiava o esforço, a boa vontade, a grande abnegação que sem dúvida estavam contidos nessa declaração; então tentava, por meio de fotografias, que ao mesmo tempo eram vendidas, refutá-la, pois nas fotos via-se o artista da fome no quadragésimo dia de jejum, prostrado na cama, a ponto de ser consumido pela fraqueza.

Franz Kafka

O interesse em buscar na psiquiatria formulações sobre a anorexia deve-se ao fato de considerarmos que os critérios médicos nos auxiliam a mapear as modalidades nas quais a anorexia é registrada e reconhecida. Além disso, considuramos que as avaliações utilizadas pela área médica são importantes para o desenvolvimento de pesquisas e estudos sobre o tema, pois auxiliam na definição de uma descrição objetiva e fenomenológica do transtorno.

À primeira vista, tais considerações parecem não interessar à psicanálise, já que esta não se norteia pelos critérios classificatórios. No entanto, não podemos deixar de considerar a pertinência de tais informações para a abertura de possibilidade dialógica da psicanálise com os outros campos de conhecimento. Nesse sentido, podemos considerar que este trabalho se inscreve, justamente, no universo acadêmico.

Também observamos a importância do conhecimento de tais normas de confronto no cotidiano da clínica, como, por exemplo, no trabalho realizado no NIAB. Em decorrência disso, decidimos investigar, a partir do DSM IV-TR,[18] os parâmetros que podem facilitar o diagnóstico diferencial entre a anorexia e a bulimia.

2.1. O que especifica o DSM IV-TR

Os classificadores de coisas, que são aqueles homens de ciência cuja ciência é só classificar, ignoram, em geral, que classificável é infinito e portanto se não pode classificar. Mas o em que vai meu pasmo é que ignorem a existência de classificáveis incógnitos, coisas da alma e da consciência que estão nos interstícios do conhecimento.

Fernando Pessoa

A versão do DSM IV-TR inclui a anorexia nervosa

---

18 *Manual diagnóstico e estatístico de transtornos mentais,* 4ª edição revisada, 2003.

e a bulimia nervosa, no grupo dos transtornos alimentares. As duas síndromes nosológicas apresentam alguns aspectos psicopatológicos em comum, como a alteração da percepção da forma e do peso corporais, que se expressa no medo mórbido de engordar e na insatisfação constante com a aparência física, levando os pacientes a adotarem dietas e comportamentos extremamente restritivos ou métodos purgativos.

De acordo com esse manual, as características principais da anorexia nervosa são:

1. Recusa do indivíduo em manter um peso corporal normal, ou seja, mantém um peso abaixo do nível normal para a sua idade e altura;

2. Temor de ganhar peso e engordar, mesmo estando com o peso abaixo do normal;

3. Perturbação na percepção do tamanho ou da forma do corpo, influência indevida do peso ou forma do corpo sobre a autoavaliação, ou negação do baixo peso corporal atual;

4. No caso de mulheres pós-menarca, amenorreia por pelo menos três ciclos menstruais consecutivos.

O DSM IV-TR sugere a divisão da anorexia nervosa em dois subtipos: a) o tipo restritivo, que se caracteriza pela perda de peso por meio de dietas, jejuns e exercícios físicos em excesso, sem a presença de comportamentos purgativos; b) o tipo de compulsão periódica/ purgativa, cuja característica principal é a autoindução de vômito ou o uso indevido de laxantes, diuréticos e inibidores de apetite. É importante notar que este último tipo se diferencia da bulimia nervosa apenas pela alteração do peso, já que o anoréxico fica com o peso abaixo do normal, ao passo que o bulímico mantém o peso na faixa normal ou até mesmo acima dela.

No caso da bulimia, o DSM IV-TR afirma que é preciso preencher cinco critérios preestabelecidos para diagnosticá-la:

1. Episódios recorrentes de compulsão alimentar periódica;

2. Métodos compensatórios inadequados para prevenção de ganho de peso, como o jejum, a indução de vômitos, atividade física em excesso, uso indevido de laxantes, diuréticos e enemas;

3. A compulsão periódica e os comportamentos compensatórios, que ocorrem pelo menos uma vez por semana, durante três meses;

4. A influência indevida do peso e/ ou da forma corporal sobre a autoavaliação, pois as pessoas que possuem esse transtorno dão importância excessiva à forma ou ao peso do corpo quando se autoavaliam, percebendo a própria imagem corporal como disforme, imprecisa, não sexual e desvalorizada;

5. O distúrbio não ocorre exclusivamente durante os episódios de anorexia.

Assim como o faz em relação à anorexia nervosa, o *Manual* também propõe a divisão da bulimia nervosa em dois subtipos: o purgativo e o sem purgação. No purgativo, existe a autoindução de vômito, o uso indevido de laxantes e de diuréticos; no tipo sem purgação, são utilizados outros comportamentos compensatórios, como os jejuns e as atividades físicas em excesso, mas nele não se apresentam episódios regulares de autoindução de vômitos ou uso indevido de laxantes, diuréticos ou enemas.

De acordo com o DSM IV-TR, o diagnóstico diferencial é feito da seguinte maneira: se o indivíduo apresenta o comportamento de compulsão alimentar apenas durante a anorexia nervosa, o diagnóstico é de anorexia nervosa, tipo compulsão periódica/ purgativa, e, portanto, não é uma bulimia nervosa. Nos casos em que o indivíduo apresenta crises bulímicas e purgações, não apresentando todos os critérios da anorexia nervosa, o julgamento clínico definirá qual é o diagnóstico atual mais adequado.

Segundo Fernandes (2006), a importância desses critérios é inegável, principalmente devido ao desenvolvimento e ao resultado de pesquisas científicas, que exigem uma concordância e um consentimento na utilização dos termos definidores das entidades nosográficas como parte do trabalho da psiquiatria. Em contrapartida, em relação à prática psicanalítica, a autora nos lembra que preencher um determinado número de critérios para se fazer uma classificação nosográfica não é tão simples quanto parece, pois, na maioria dos casos, há algo que não se encaixa nos critérios predeterminados: "Os pacientes seguem adiante com seus sintomas, seu modo de funcionamento, a singularidade de suas histórias subjetivas e seu sofrimento" (Fernandes, 2006, p. 41).

Dessa forma, os critérios do *Manual* podem provocar um engessamento diagnóstico, o que acaba se refletindo na maneira como os psiquiatras lidam com esses distúrbios, e também no discurso de alguns que buscam a psicanálise para tratamento de seus pacientes. Os psiquiatras jovens, por exemplo estão hipervalorizando a categorização do DSM em detrimento da construção de um diagnóstico baseado em cada sujeito.

Como vimos no primeiro capítulo, houve um momento na história em que os distúrbios alimentares estavam sendo descobertos e investigados, sendo as diferenças individuais percebidas como fatores de colaboração na construção de um sistema classificatório mais complexo, dinâmico e detalhado da psicopatologia. Atualmente, percebemos que alguns psiquiatras apresentam certa dificuldade em lidar com a singularidade, com aquilo que não se encaixa nos critérios gerais preestabelecidos (Fernandes, 2006).

O DSM IV-TR afirma que os transtornos alimentares são prevalentes nas sociedades ocidentais industrializadas, nas quais observamos a busca por um ideal de beleza relacionada à magreza. Mas nas culturas em que a beleza não está relacionada à magreza, outros fatores poderiam suscitar o aparecimento de sintomas como o desconforto epigástrico ou o desinteresse em se alimentar. Galvão, Claudino e Borges (2006) afirmam que, para o psiquiatra Gerald Russell, a excessiva preocupação em engordar deve fazer parte dos critérios diagnósticos atuais, mas não deve ser aplicada para os casos descritos em outras épocas ou em outros países. Esses autores notam que os aspectos socioculturais "exercem uma influência *patoplástica* sobre a doença, no sentido de mudar sua forma e *colorido*. Especula que, no futuro, o conteúdo psicopatológico do paciente anoréxico pode não permanecer fixado no peso e na forma do corpo" (Galvão, Claudino & Borges, 2006, p. 35).

Sendo assim, podemos dizer que a anorexia e a bulimia são determinadas e caracterizadas por uma série de evidências no DSM IV-TR, de modo que, para diagnosticá-las, basta observar se há um preenchimento dos sinais e sintomas predeterminados. Porém, como veremos ao longo deste trabalho, a psicanálise aborda esses distúrbios[19] de outra forma. Massimo Recalcati (2004), em seu livro *La ultima cena*, lembra que o diagnóstico em psicanálise é orientado de acordo com o critério estrutural que, na obra do Freud, aparece por meio da antinomia entre a neurose e a psicose. Na psicanálise, diagnosticar um caso como "anorexia" ou "bulimia" não representa muita coisa, se não considerarmos a particularidade de cada caso. A clínica psicanalítica funda-se a partir da rede complexa em que essa manifestação comparece naquilo que é particular a cada sujeito, e não por meio da universalização biunívoca entre sintoma e quadro clínico, como propõe a clínica psiquiátrica.

2.2. As pistas deixadas na obra freudiana

Sobre o próprio corpo se encontra o estigma dos acontecimentos passados, do mesmo modo que dele nascem os desejos, os desfalecimentos e os erros.
Nele também se atam e, de repente, se exprimem. Mas nele também eles se desatam, entram em luta, se apagam uns aos outros e continuam seu insuperável conflito.

Michel Foucault

Ao longo da obra freudiana, encontramos apenas um texto que aborda a anorexia como ponto central. Nos

---

19 Até aqui utilizamos os termos *transtorno* e *distúrbio* como sinônimos. De acordo com o "Dicionário Houaiss da Língua Portuguesa" (2001), essas duas palavras significam "perturbação". No entanto, é importante esclarecer que, como acabamos de ver, o termo transtorno foi escolhido pela medicina para nomear as alterações no comportamento alimentar, como acontece na anorexia e na bulimia. Já que este trabalho tem a psicanálise como principal referencial teórico, optamos por utilizar, a partir deste momento, o termo *distúrbio*.

outros, ele apenas cita ou faz breve menção dos sintomas a ela relacionados, tais como a abulia, a ausência de apetite e de sede. Em relação à bulimia, ele cita vômitos crônicos, uso abusivo de laxantes e de purgativos. Faremos, assim, um levantamento dessas pistas fornecidas por Freud para que, através de sua sistematização e análise, seja possível avançar no estudo psicanalítico de certos distúrbios alimentares.

No início de sua obra, no texto escrito entre 1892 e 1893 intitulado "Um caso de cura pelo hipnotismo", encontramos um único caso clínico em que a anorexia e a bulimia foram descritas e abordadas como tema principal. Trata-se de uma mulher que ficou anoréxica após o nascimento do primeiro filho. Os sintomas foram descritos da seguinte maneira: "A mãe perdeu o apetite e se mostrava alarmantemente sem vontade de se alimentar, tendo noites agitadas e insones" (Freud, 1892-93/ 1969, p. 178). Três anos depois, após o nascimento do segundo filho, ela passou a apresentar sintomas de bulimia:

> A paciente vomitava todo o alimento ingerido, ficava inquieta quando ele era trazido até sua cama e era completamente incapaz de dormir. Ficou tão deprimida com sua incapacidade que os médicos de família (...) não queriam nem ouvir em prosseguir com alguma outra tentativa mais prolongada nessa ocasião (...) A fim de evitar os vômitos, não tinha ingerido nenhum alimento durante todo aquele dia. (Freud, 1892-93/ 1969, p. 179)

Os sintomas desapareceram depois de três sessões de hipnose, mas retornaram após o nascimento do terceiro filho. Houve, portanto, três momentos em que a paciente apresentou distúrbios alimentares. Esses sintomas ocorreram sempre após o nascimento de cada um dos filhos, quando a paciente demonstrava enorme desejo de amamentar e dizia-se frustrada por não conseguir fazê-lo. Na medida em que não podia amamentá-los, passava a não comer, ou a comer e a vomitar tudo o que ingeria. Vale notar, nesse caso, a existência de uma semelhança entre o que não se consegue fornecer ao filho e o que se produz no próprio corpo, ou seja, ela não podia amamentar os filhos e, então, passava a não comer ou a comer e vomitar.

Freud classificou esse caso como uma histeria, mais especificamente uma *"histerique d'occasion"*, justificando que a paciente "era capaz de produzir um complexo de sintomas com um mecanismo tão agudamente característico da histeria" (Freud, 1892-93/ 1969, p. 185). Destacamos que Freud, aqui, já nota haver a dimensão melancólica, que será enfocada mais adiante de maneira relevante para este estudo. De acordo com o autor:

> De outro lado, quando há uma neurose presente — e não me estou referindo explicitamente apenas à histeria, mas ao *status nervosus* em geral —, temos de supor a presença primária de uma *tendência à depressão e à diminuição da autoconfiança, tal como as encontramos muito desenvolvidas e individualizadas na melancolia* (grifamos). (Freud, 1892-93/ 1969, p. 182)

Além disso, Freud contrapõe a neurastenia a esse caso de histeria, observando, com rigor e precisão, que, na primeira, há uma *fraqueza* da vontade; na segunda, o que acontece é uma *perversão* da vontade.

Em outra ocasião, Freud escreveu sobre o caso de outra paciente tratada por ele, Emmy Von. N., uma mulher de 40 anos que apresentava os seguintes sintomas: perda de apetite, dores gástricas e fobia de beber água. Em um dos atendimentos, ela contou que após a morte do marido perdeu completamente a vontade de comer, alimentando-se apenas por obrigação. Na discussão sobre o caso, Freud destacou a mudança de humor da paciente, afirmando que essas alterações foram determinadas por experiências traumáticas:

> A anorexia de nossa paciente oferece o mais brilhante exemplo dessa espécie de abulia. Ela comia tão pouco por não gostar do sabor, e não podia apreciar o sabor porque o ato de comer, desde os primeiros tempos, se vinculara a lembranças de repulsa cuja soma de afeto jamais diminuíra em qualquer grau; e é impossível comer com repulsa e prazer ao mesmo tempo. Sua antiga repulsa às refeições permanecera inalterada porque ela era constantemente obrigada a reprimi-la, em vez de livrar-se dela por reação. Na infância ela fora forçada, sob ameaça de punição, a comer a refeição fria que lhe era repugnante, e nos anos posteriores tinha sido impedida, por consideração aos irmãos, de externar os afetos a que ficava exposta durante suas refeições em comum. (Freud, 1893/ 1969, p. 112)

Nesse mesmo ano, Joseph Breuer escreveu o relato clínico de uma paciente que seria reconhecida pelo nome de Anna O. e desenvolveu um quadro de anorexia alguns meses depois de descobrir que o pai estava doente. Breuer relata que, nos primeiros meses de tratamento da doença do pai, Anna O. dedicou todo o seu tempo e energia a cuidar dele. Depois de algum tempo, a saúde de Anna começou a apresentar alguns sinais de fraqueza, e por isso os médicos a impediram de continuar cuidando dele. Nas palavras de Breuer:

> Ninguém, talvez nem mesmo a própria paciente, sabia o que lhe estava acontecendo; afinal, o estado de de-

bilidade, anemia e aversão pelos alimentos se agravou a tal ponto que, para seu grande pesar, não lhe permitiram mais que continuasse a cuidar do paciente (...). Anna logo começou a mostrar uma pronunciada necessidade de repouso durante a tarde, continuada, ao anoitecer, por um estado semelhante a sono e, a seguir, por uma condição de intensa excitação. (Breuer & Freud, 1893/ 1969, p. 58)

Ainda nesse mesmo ano, Breuer relatou sucintamente um caso que possui uma característica diferente dos casos encontrados até aqui na obra de Freud, um menino de 12 anos que sofria de *pavor nocturnus*. Breuer nota que o paciente apresentava uma dificuldade de engolir, por isso não se alimentava e, quando forçado a fazê-lo, vomitava. Além disso, "movia-se de um lado para o outro apaticamente, sem energia ou prazer; queria ficar deitado o tempo todo e estava fisicamente muito abatido" (Breuer & Freud, 1893/ 1969, p. 217). Esses sintomas surgiram após viver uma cena de cunho sexual com um homem em um banheiro público. Para Breuer, essa cena não foi considerada a única causa da doença, mas ele não explicita quais outros fatores poderiam ter causado esse distúrbio, pois o paciente "tão logo fez sua confissão, recuperou-se inteiramente" (Breuer & Freud, 1893/ 1969, p. 218).

> Para produzir a anorexia, a dificuldade de engolir e os vômitos, vários fatores se fizeram necessários: a natureza neurótica inata do menino, seu intenso pavor, a irrupção da sexualidade em sua forma mais crua no seu temperamento infantil e, como fator especificamente determinante, a ideia de repulsa. A doença deveu sua persistência ao silêncio do menino, que impediu a excitação de encontrar sua saída normal. (Breuer & Freud, 1893/ 1969, p. 218)

Se analisarmos as pistas deixadas por Breuer e Freud nos casos relatados, veremos que em todos eles houve uma cena traumática antes do aparecimento do sintoma, como no caso da paciente que desenvolveu a anorexia e/ ou bulimia após o nascimento de cada um dos filhos. A paciente Emmy Von N. apresentou perda de apetite após a morte do marido; Anna O. passou a ter aversão aos alimentos depois de descobrir que o pai estava doente; e o menino de 12 anos parou de se alimentar depois de viver uma cena de cunho sexual. Esse fator traumático foi ressaltado por Freud em 1893, no artigo "Sobre o mecanismo psíquico dos fenômenos histéricos: uma conferência", no qual afirmou que há relação direta entre uma experiência traumática e os distúrbios alimentares. Em suas palavras,

> Um dos sintomas mais comuns da histeria é a combinação de anorexia e vômito. Sei de um grande número de casos em que a ocorrência desse sintoma é explicada de maneira bastante simples. Assim, numa paciente o vômito persistiu depois de ela ter lido uma carta humilhante pouco antes de uma refeição e ter ficado violentamente nauseada com isso. Em outros casos, a repulsa pela comida pode ser claramente relacionada ao fato de que, graças à instituição da "mesa comum", uma pessoa pode ser compelida a fazer sua refeição em companhia de alguém que detesta. A repulsa é então transferida da pessoa para os alimentos. A mulher com o tique, que mencionei há pouco, era particularmente interessante a esse respeito. Comia excepcionalmente pouco e apenas sob pressão. Ela me informou, sob hipnose, que uma série de traumas psíquicos havia acabado por produzir esse sintoma de repulsa à comida. (Freud, 1893/ 1969, p. 41)

Nota-se que, até esse momento na obra de Freud,

todas as pistas encontradas relacionaram os distúrbios alimentares às neuroses. Somente a partir do "Rascunho G" (1895/ 1969), encontramos uma importante passagem que abre a possibilidade para pensarmos que esses fenômenos podem acontecer no diagnóstico de outros quadros. Nessa obra, Freud faz um paralelo entre anorexia e melancolia, ao afirmar que:

> *A neurose nutricional paralela à melancolia é a anorexia* (grifamos). A famosa *anorexia nervosa* das moças jovens, segundo me parece (depois de cuidadosa observação), é uma melancolia em que a sexualidade não se desenvolveu. A paciente afirma que não se alimenta simplesmente porque não tem *nenhum apetite*; não há qualquer outro motivo. Perda do apetite — em termos sexuais, perda da libido. (Freud, 1895/ 1969, p. 283)

Contudo, em 1896, no texto "Etiologia da Histeria", Freud volta a relacionar os distúrbios alimentares à histeria, afirmando que o vômito e a aversão ao alimento são sintomas frequentes nos casos de histeria. Em 19 de fevereiro de 1899, Freud escreveu uma carta a Fliess na qual relatou o caso de uma paciente que passou a ter vômitos histéricos por não suportar ficar sem o filho e sem seu amante. Freud supõe que, dessa forma, a paciente desejava ficar feia e desinteressante para os homens:

> Essa chave abre muitas portas. Você sabe, por exemplo, porque X.Y. sofre de vômitos histéricos? Porque, na fantasia, ela está grávida, porque é tão insaciável que não consegue suportar ser privada de ter um bebê de seu último amante na fantasia. Mas também se permite vomitar porque, desse modo, ficará faminta e emaciada, perderá sua beleza e não será atraente para mais ninguém. Por-

tanto, o sentido do sintoma é um par contraditório de realização de desejo. (Freud *apud* Masson, 1986, p. 346)

Assim como nos casos relatados até esse momento, Freud supõe que, em X.Y., o emagrecimento aparece como consequência de não estar grávida e também como uma tentativa de afastar o olhar e o desejo dos homens. Sendo assim, o emagrecimento parece ir na "contramão" do ideal de beleza da época, na medida em que ela emagrecia para afastar o olhar dos homens. Isso também pode ser constatado, mesmo que de forma discreta, no texto "Fragmento da análise de um caso de histeria" (o caso Dora), de 1905.

Dora se alimentava mal, sentia aversão por alimentos e tinha dores gástricas. Freud vincula esses sintomas a um incidente traumático relatado pela paciente. Quando ela tinha 14 anos, um amigo de seu pai a convidou, juntamente com a esposa, Sra. K, para assistirem a um festival religioso. Porém, quando chegou à loja do Sr. K, percebeu que ele havia dispensado os empregados e induzido a esposa a ficar em casa. Dora ficou, então, a sós com o Sr. K. Nesse momento, ele a beijou nos lábios, o que provocou em Dora uma enorme repugnância por ele. Freud esclarece que "a repugnância que Dora sentiu nessa ocasião não se tornou um sintoma permanente e, mesmo na época do tratamento, existia apenas potencialmente, por assim dizer. Ela se alimentava mal e confessou ter aversão pelos alimentos" (Freud, 1905/ 1969, p. 35). Essa paciente foi diagnosticada por Freud como histérica.

No texto "Luto e melancolia", Freud (1917/ 2006) voltou a relacionar a rejeição por alimentos à melancolia, uma forma patológica de luto, em que há um quadro de inferioridade, uma diminuição da autoestima e um empo-brecimento do Eu.[20] De acordo com Freud:

> O quadro desse delírio de insignificância — predo-minantemente moral — é complementado por insônia, pela recusa em alimentar-se e por um processo que do ponto de vista psicológico é muito peculiar: a pulsão que compele todo ser vivo a apegar-se à vida é subjugada. (Freud, 1917/ 2006, p. 105)

É importante destacar que, na época em que estava escrevendo esse artigo sobre a melancolia, Freud pediu a apreciação de Karl Abraham,[21] que também estava interes-sado no tema. Abraham sugere uma estreita ligação entre a melancolia e a fase oral do desenvolvimento da libido e chama a atenção de Freud para a recusa em se alimentar nos casos graves de melancolia (Freud, 1915). Abordare-mos mais adiante essa relação proposta por Abraham, bus-cando explicar, mais detalhadamente, as fases de desenvol-vimento da libido que ele propôs.

Em um texto de 1918 [1914], intitulado "História de uma neurose infantil", Freud relata o caso de Sergei Panke-jeff, que ficou conhecido como "o homem dos lobos". Des-

---

20 Os termos técnicos empregados por Freud admitem diversas possibilidades tradu-tórias. De acordo com o comentário do editor brasileiro, que introduz o texto "O eu e o isso" (1924/ 2007), a tradução do termo *Das Ich*, ao sofrer influência da tradução inglesa, foi majoritariamente traduzido por "o ego", já que essa tradução tinha a in-tenção de dar um *status* mais técnico e um prestígio científico à linguagem psicana-lítica, mas esse tipo de tradução muito desagradava a Freud. Portanto, considerou-se que não haveria motivo algum para não empregar, na nova tradução brasileira, o pronome "eu" e sua substantivação "Eu", que corresponderiam a *Ich* e *Das ich*. Por isso optamos por utilizar, aqui, o termo "Eu".
21 Karl Abraham (1877-1925), médico alemão diplomado em 1901. Em 1904, no Hospital Burghölzli, em Zurique, familiariza-se com as obras de Freud por meio de Bleuer e Jung. Pouco depois, publica sua primeira contribuição à psicanálise, lida na Sociedade Psiquiátrica Alemã, em Frankfurt. No início da dissidência entre Jung e Freud, toma o partido de Freud e inicia com ele um período de relação amistosa e produtiva, mantida até sua morte.

creve detalhadamente a história clínica desse paciente e afirma que, em determinado período, o paciente se recorda de que não conseguia comer, a não ser no caso de alimentos doces. Freud localiza no distúrbio de apetite a primeira doença neurótica do paciente:

> Estou inclinado à opinião de que essa perturbação do apetite deva ser considerada como a primeira doença neurótica do paciente. Se assim foi, o distúrbio do apetite, a fobia aos lobos e a devoção obsessiva constituiriam a série completa de perturbações infantis que estabeleceu predisposição para o seu colapso neurótico, após haver passado a puberdade. (Freud, 1918/ 1969, p. 124)

Nesse mesmo texto, Freud chama a atenção para a relação entre a anorexia e a fase oral da vida sexual. Nas palavras do autor:

> Tenho sido levado a considerar como a primeira organização sexual reconhecível a assim chamada fase "oral" ou "canibalesca", durante a qual predomina ainda a ligação original entre a excitação sexual e o instinto nutritivo. Não é de se esperar que devam ser descobertas manifestações diretas dessa fase, mas apenas indícios dela, onde quer que se tenham estabelecido perturbações. A diminuição do instinto nutritivo (embora possa certamente ter outras causas) chama atenção para uma deficiência, por parte do organismo, o domínio da excitação sexual. Nessa fase o objetivo sexual só pode ser o canibalismo, o propósito de devorar; no caso do nosso paciente, surge através da regressão de um estádio mais elevado, na forma de um medo de "ser comido pelo lobo". Na verdade, fomos obrigados a traduzi-lo para um medo de ser copulado pelo pai. É sabido que existe uma neurose nas meninas que ocorre numa idade muito pos-

terior, na época da puberdade ou pouco depois, e que exprime a aversão à sexualidade por meio da anorexia. Essa neurose terá que ser examinada em conexão com a fase oral da vida sexual. (Freud, 1918/ 1969, p. 133)

Outra contribuição foi encontrada no texto "Inibições, sintomas e ansiedade" (1926/ 1969), em que Freud relacionou a bulimia à defesa histérica e a anorexia aos estados psicóticos de recusa alimentar:

A função da nutrição é, com maior frequência, perturbada por uma falta de inclinação para comer, acarretada por uma retirada da libido. Um aumento do desejo de comer também não constitui coisa incomum. A compulsão para comer é atribuída ao medo de morrer de fome, mas isto é um assunto pouco estudado. O sintoma de vômitos é conhecido por nós como uma defesa histérica contra o comer. A recusa de comer devido à ansiedade é concomitante de estados psicóticos (delírio de envenenamento). (Freud, 1926/ 1969, p. 109)

Dentre as pistas deixadas por Freud a respeito da anorexia ao longo de sua obra, interessa-nos destacar aqui a já mencionada assertiva encontrada no "Rascunho G" (1895/ 1969) — "a neurose paralela à melancolia é a anorexia" —, já que abre a possibilidade de pensar em uma determinada relação entre a melancolia e a anorexia.

Na nota do editor publicada no texto "Luto e melancolia" (1917/ 2006), constatamos que, em 1915, Freud escreveu o primeiro rascunho desse texto e o enviou a Abraham que, ao responder, sugeriu que haveria uma estreita ligação entre a melancolia e a fase oral de desenvolvimento. Como pensamos que a anorexia está relacionada a esta fase, consideramos importante continuar a nossa investigação a partir das contribuições de Abraham encontradas no livro *Teoria psicanalítica da libido: sobre o caráter e o desenvolvimento da libido* (1924/ 1970).

Capítulo 3
Uma neurose paralela à melancolia

O artista poderia jejuar tão bem quanto quisesse, e era o que fazia, mas nada mais poderia salvá-lo; passavam por ele sem ao menos notá-lo. Tente explicar a alguém a arte da fome! Não há como torná-la compreensível a alguém que não a sente. (...) e assim o artista da fome seguiu em jejum, como outrora sonhara, e sem nenhuma dificuldade, como então havia previsto, porém ninguém mais contava os dias, ninguém, nem mesmo o próprio artista da fome sabia quanto tempo havia passado, e o coração pesou-lhe (...) pois o artista da fome não era um embusteiro, ele trabalhava com honradez, mas o mundo negava-lhe sua recompensa.

Franz Kafka

3.1. A tendência a devorar seu objeto

Teus sinais
Me confundem
Da cabeça aos pés
Mas por dentro
Eu te devoro,

Teu olhar
Não me diz exato
Quem tu és
Mesmo assim
Eu te devoro...

Djavan

Antes de abordar a assertiva de Freud, vale examinar as contribuições trazidas por Karl Abraham acerca do caráter e desenvolvimento da libido em seu livro intitulado *Teoria psicanalítica da libido: sobre o caráter e desenvolvimento da libido*, publicado originalmente em 1924.

Nesse livro, Abraham (1916/ 1970) afirma que, ao trabalhar os primeiros fenômenos da sexualidade infantil, Freud foi ao encontro das ideias propostas por Samuel Lindner, pediatra húngaro que escreveu um trabalho em 1879 no qual aborda os hábitos de sucção das crianças e observa que, mesmo quando o ato não servia ao propósito de satisfazer a fome, as crianças sugavam com tamanha intensidade que isso acabava por absorver completamente sua atenção. Lindner nota que, durante o ato de sugar, ocorre uma excitação na criança, que vai aumentando até resultar numa espécie de orgasmo; logo depois, como sinal da satisfação obtida, a criança adormece. Destaca também o instinto de agarrar que ocorre juntamente com a sucção, e identifica a transição gradual da sucção para a masturbação, ou seja, para uma atividade de caráter sexual.

Abraham (1916/ 1970) afirma que, ao estabelecer as características determinantes da sexualidade infantil, Freud ainda foi além, lembrando que Freud nomeou "pré- -genitais" os estágios de desenvolvimento da libido em que não há uma preponderância dos órgãos genitais. Abraham explica que a sucção é uma forma primitiva de atividade instintiva, e possui três características: em primeiro lugar, se manifesta autoeroticamente, não se acha dirigida a outro objeto; em segundo, é uma forma primitiva de expressão sexual, que depende de importante função de preservação da vida, pois o ato de sugar busca a nutrição; e em terceiro, a busca pelo prazer encontra-se ligada a uma zona erógena, a saber, a membrana mucosa dos lábios. Dessa forma, a satisfação da necessidade de nutrição encontra-se ligada à satisfação da zona erógena, e as duas formas de satisfação não podem ser separadas.

Ainda segundo Abraham, Freud destaca duas organizações pré-genitais: o estágio oral, ou canibalesco, e o estágio sádico-anal, sendo que no primeiro a atividade sexual ainda não se separou da ingestão de alimentos, e o objetivo sexual consiste na incorporação[22] do objeto. Abraham ressalta a zona oral como a mais importante das zonas erógenas, e a subdivide em dois momentos: o momento precoce da sucção e o que se inicia com o nascimento dos dentes, denominado de sádico-oral ou canibalesco. Este ponto nos interessa, especialmente, na medida em que visamos compreender a relação entre a melancolia e a fase oral do desenvolvimento libidinal.

No primeiro momento, no qual a libido está ligada ao ato de sugar, a criança ainda não distingue o próprio Eu do objeto externo, e ainda não possui o sentimento de ódio ou amor: "Seu estado mental acha-se consequentemente li-

---

22 Abraham apresenta os termos "incorporação" e "introjeção", que não significam a mesma coisa. Incorporação é o processo através do qual o sujeito faz penetrar e conservar um objeto no interior do seu corpo. O ato de incorporar tem como significação: obter prazer através da penetração do objeto em si; assimilar as qualidades desse objeto, conservando-o dentro de si; destruir o objeto. Assimilar e conservar o objeto dentro do Eu é o que faz da incorporação o protótipo corporal da introjeção e da identificação (Laplanche & Pontalis, 1994, p. 239), enquanto o ato de incorporar está diretamente relacionado ao corpo. Introjetar diz respeito a algo mais amplo: trata-se de colocar "dentro" algo de "fora", portanto, não é apenas o interior do corpo que está em questão, mas o interior de uma instância do aparelho psíquico; por exemplo, o Eu e o Ideal do Eu (Laplanche & Pontalis, 1994, p. 249).

vre, neste estágio, de todas as manifestações de ambivalência" (Abraham, 1924/ 1970, p. 111). No segundo momento, aparece o ato de morder da fase oral, no qual o indivíduo incorpora o objeto o destruindo, o que não ocorre na primeira fase. Ou seja, observamos a seguinte distinção no que diz respeito à destruição do objeto: na fase oral, o objeto é preservado no momento da sucção; no canibalesco, o objeto é destruído.

Considerada como um remanescente desse hipotético estágio de organização, a sucção por prazer (diferente da sucção por nutrição) pode então ser considerada como uma atividade sexual, que se desligou da atividade nutritiva e trocou seu objeto externo (por exemplo, o seio) por um outro pertencente ao próprio corpo.

A boca não abandona sua significação erógena. Entretanto, o que a psicanálise das neuroses demonstra é que, no que se refere à consciência, a boca perde, sim, sua significação como zona erógena, mas tal significação persiste no inconsciente, manifestando-se (na consciência) através das formações substitutivas, como no caso dos sintomas neuróticos (Freud, 1905/ 1969). Abraham concorda com Freud, e vai além:

> (...) não devemos esquecer, por parte de tais pacientes, a recusa muito frequente de comida. Este sintoma aparece nas enfermidades neuróticas sob numerosas formas, frequentemente disfarçadas. Mencionarei apenas a perda de apetite, a náusea em relação à comida, o enjoo e os vômitos. (Abraham, 1916/ 1970, p. 75)

Mais ainda, Abraham afirma que encontrou inúmeros casos em que pessoas deprimidas apresentam uma tendência a rejeitar alimentos, e que entre as mais notáveis manifestações dos quadros depressivos estão os sintomas que apresentam uma relação direta com a ingestão de alimentos: a recusa em alimentar-se e o medo de morrer por inanição. Por sua vez, há na melancolia, uma ausência do desejo de viver, e uma inclinação à rejeição alimentar que tende ao suicídio. A libido parece regredir ao seu estágio mais primitivo de desenvolvimento, mas em vez de se alimentar, "a pessoa melancolicamente deprimida dirige a seu objeto sexual o desejo de incorporá-lo. Nas profundezas de seu inconsciente, há uma *tendência a devorar e destruir seu objeto*" (grifamos). (Abraham, 1916/ 1970, p. 77)

Outro ponto que merece destaque nas considerações trazidas por Abraham a respeito da melancolia são as autoacusações. Ele afirma que, nesses casos, a libido é predominantemente hostil com relação ao objeto de seu desejo e busca destruí-lo: "O desejo inconsciente do melancólico é destruir seu objeto amoroso, comendo-o" (Abraham, 1916/ 1970, p. 78). Abraham chama a atenção de Freud para a íntima relação entre a recusa alimentar e a melancolia:

> Se presumirmos que os desejos reprimidos mais profundos do *melancólico* são de natureza canibalesca, que seus 'pecados', em sua essência, se referem a *um proibido e até mesmo detestado ato de comer*, compreenderemos então a grande frequência com que se recusa a ingerir alimentos (grifamos). Ele comporta-se como se a completa abstenção de alimento, somente o mesmo, pudesse mantê-lo afastado da realização de seus impulsos reprimidos. Ao mesmo tempo, ameaça-se a si mesmo com aquele castigo que é o único adequado aos seus impulsos canibalescos inconscientes — a morte pela inanição. (Abraham, 1916/ 1970, p. 79)

Em 1924, Abraham propõe um paralelo entre a melancolia e a neurose obsessiva, procurando estabelecer as possíveis aproximações e divergências entre essas afecções. Supõe que elas podem originar-se da fase sádico-anal do desenvolvimento libidinal, e que as excitações libidinais pertencentes ao erotismo anal estariam, então, relacionadas com os impulsos sádicos. Entretanto, afirma que o melancólico tende a abandonar essa posição por uma ainda mais primitiva, a fase oral:

> Ao tratar de casos melancólicos, encontrei repetidamente fortes tendências perversas que consistiam em usar a boca em lugar dos órgãos genitais. (...) Mas costumavam principalmente entregar-se a fantasias muito vívidas, baseadas em impulsos canibalescos. Fantasiavam morder todas as partes possíveis do corpo de seu objeto de amor — os seios, o pênis, os braços, as nádegas, etc. Em suas associações livres, com muita frequência, tinham a ideia de devorar a pessoa amada, arrancar, mordendo partes de seu corpo ou ainda se detinham em imagens necrofágicas (...). Um deles costumava ter uma preguiça de mastigar como sendo uma das manifestações de sua depressão melancólica (...). Demonstrei há alguns anos atrás (em 1917), em casos de melancolia em que o paciente recusa absolutamente ingerir alimentos, que sua recusa representa uma autopunição pelos impulsos canibalescos. (Abraham, 1924/ 1970, p. 109)

Abraham observa que os melancólicos apresentam um grande número de variações das tendências sádico-orais, que constituem uma de suas principais fontes de sofrimento, principalmente "no caso em que se voltam contra o ego do indivíduo, sob a forma de uma tendência à autopunição" (Abraham, 1924/ 1970, p. 109). Destaca ainda que a autocrítica e as autopunições levadas a cabo pelos melancólicos são resistentes a interferências.

Vale lembrar que a regressão à fase oral implica em uma repetição e, como tal, assimila elementos vividos em outras fases de desenvolvimento. Portanto, não é de se estranhar que apresente características relacionadas à fase anal, embora, diferentemente de uma reprodução, a repetição introduza diferenças por conta da assunção de experiências posteriores.

Ao fazer uma análise cuidadosa da autocrítica e das autoacusações que o melancólico produz, Abraham explica que, nesses casos, o processo de introjeção do objeto assume duas formas. Na primeira, a autocrítica provém do objeto amado original, após este ter sido introjetado: "Nosso material irá demonstrar que a autocrítica patológica do melancólico emana desse objeto introjetado" (Abraham, 1924/ 1970, p. 121). Na segunda, "o conteúdo dessas autoacusações é, em última análise, uma critica impiedosa ao objeto introjetado" (Abraham, 1924/ 1970, p. 121).

No percurso feito até aqui, percebemos que Abraham e Freud afirmaram que há uma estreita relação entre a melancolia e a anorexia, mas constatamos que nenhum desses autores aprofundou esse paralelo. Consideramos que um estudo mais detalhado poderia trazer contribuições importantes para o tema da anorexia, principalmente partindo da melancolia em relação à anorexia, visto que a primeira foi consideravelmente mais investigada que a segunda. Consequentemente, avançaremos com o intuito de iluminar a clínica da anorexia a partir da melancolia, buscando as aproximações entre essas duas afecções.

Apesar de nosso ponto de partida ter sido a assertiva freudiana de que "a neurose paralela à melancolia é a anorexia",[23] interessa-nos aqui, por razões metodológicas, salientar a metapsicologia da melancolia no que diz respeito a essa relação, em vez de adentrar a questão do diagnóstico propriamente dita, neurose e/ ou psicose. Deixamos claro também que nosso objetivo não é aprofundar o percurso histórico da melancolia, mas apenas destacar algumas de suas características abordadas pela teoria psicanalítica que também são percebidas na clínica da anorexia.

3.2. Da melancolia

Mas esse mal, ao contrário, agarra-me às vezes com tal tenacidade que me abraça e me tortura noites e dias inteiros. E esses momentos, para mim, não se parecem mais com a luz e com a vida: são uma noite infernal e uma morte cruel. E, no entanto! Farto-me dessas penas e dessas dores, com uma espécie de volúpia tão pungente que, se dela alguém vem me arrancar, é contra minha vontade.

Petrarca apud *Lambotte*

O termo "melancolia" deriva do grego *melagkholía*, que significa "bile negra" (*melas* = negro; *kholé* = bile). Hipócrates (460 a.C.-370 a.C.) pensava que a bile negra fazia parte da composição do corpo, juntamente com outros três elementos: o sangue, a linfa e a bile amarela, correspondendo, respectivamente, ao temperamento sanguíneo, fleumático e colérico. Alterações de equilíbrio nessas substâncias

---

23 Cf. a citação completa: "*A neurose nutricional paralela à melancolia é a anorexia* (grifamos). A famosa *anorexia nervosa* das moças jovens, segundo me parece (depois de cuidadosa observação), é uma melancolia em que a sexualidade não se desenvolveu" (Freud, 1895/ 1969, p. 283).

eram provocadas por um aumento de "substâncias negras" nefastas, que obscureciam a razão. "Os melancólicos contraem esta doença que lhes é própria quando o sangue está viciado pela bile e pelo muco; seu estado mental é perturbado" (Hipócrates, *apud* Lambotte, 2000 p. 33), afirma o médico grego, que descreve o quadro a partir do seguinte conjunto de sintomas: aversão à comida, falta de ânimo, insônia, irritabilidade e inquietação.

Aristóteles (384 a.C.-322 a.C.), que dedica um livro inteiro — *O homem de gênio e a melancolia: O problema XXX,1* — à relação entre melancolia e embriaguez, acredita que a melancolia é um fenômeno somático, que ocorre em um estado de excepcionalidade, tomando como exemplo homens geniais pertencentes a diversas áreas, como a arte, a política e a filosofia. Para ele, os melancólicos são seres de exceção por natureza; a melancolia não é sinônimo de doença da bílis negra, e, portanto, o melancólico não é necessariamente um doente.

Enquanto os escritos hipocráticos atribuem à melancolia uma etiologia somática por excesso ou corrupção do humor, resfriamento ou aquecimento a partir da bile negra, os discípulos de Aristóteles acreditam em uma dupla origem da melancolia, a saber, o corpo e a alma, "hipótese confirmada pela predisposição dos gênios a essa doença" (Lambotte, 2000, p. 35).

Por volta de 1850, muitos estudos já haviam sido desenvolvidos pela psiquiatria no campo das perturbações mentais; a melancolia era vista como uma perturbação mental inserida no delírio de perseguição. Em 1852, o médico francês Ernest-Charles Lasègue avançou nas pesquisas acerca da melancolia e a destacou do delírio das perseguições. Alguns anos depois, o médico alemão Wilhelm Griesinger (1817-1868) fez uma ampla exposição sobre a melancolia descrevendo suas características. Destacamos aqui algumas que se aproximam das peculiaridades encontradas na anorexia, como recusa alimentar e amenorreia.

> A recusa da alimentação, que observamos repetidas vezes nos melancólicos e que quando persiste muito tempo torna-se uma complicação desagradável — porque necessitam de uma alimentação forçada e apesar disso a nutrição é bastante defeituosa (...). De outras vezes, eles recusam comer porque querem se deixar morrer de fome ou então porque, tendo fome, creem expiar seus erros, porque imaginam pecar ao tomar os alimentos. (Griesinger, 1865/ 2002, p. 27)

Griesinger nota ainda, como características fundamentais da melancolia, a inibição e disposições negativas que se traduzem por uma inatividade, uma ausência de vontade e uma "exteriorização de negativas pulsões de destruição, notadamente com atos de violência individualizados contra si mesmo (monomania de suicídio), contra outras pessoas ou objetos inanimados" (Griesinger, 1865/ 2002, p. 45). Veremos mais adiante que essas características também foram notadas por Freud.

Tendo como ponto de partida os trabalhos de Lasègue e Griesinger, Jules Cotard (1840-1889) escreveu, em 1882, o texto "Do delírio das negações", no qual investiga as disposições negativas comumente encontradas nos casos de melancolia e destaca um mecanismo importante para a investigação aqui proposta, a autoacusação.

> Nestas formas predominam a ansiedade, os tremores, os terrores imaginários, as ideias de culpa, de perdição e de danação; os doentes acusam a si mesmos, eles são incapazes, indignos e fazem a infelicidade e a vergo-

nha de suas famílias, irão perdê-los, condená-los à morte; irão queimá-los ou cortá-los em pedaços. (Cotard, 1882/ 2002, p. 50)

Enfim, ao acusarem a si mesmos, os pacientes que sofrem de melancolia se tornam seus próprios perseguidores. Tal mecanismo de autoacusação, frequentemente observado também nos casos de anorexia, pode ser considerado a principal contribuição das investigações da psiquiatria clássica para o estudo e diagnóstico da melancolia, e obteve lugar de destaque nos trabalhos desenvolvidos posteriormente sobre o assunto, inclusive nos textos freudianos.

3.3. A incursão da melancolia na obra freudiana

> Ópios, édens, analgésicos
> Não me toquem nessa dor.
> Ela é tudo o que me sobra
> Sofrer vai ser
> A minha última obra
>
> *Itamar Assumpção & Paulo Leminsky*

Na época em que escreveu seus "rascunhos", seus primeiros textos publicados, Freud estava interessado em descobrir a relação entre as patologias psíquicas e o desenvolvimento sexual, buscando, assim, a origem dessas afecções. Em 1893, no "Rascunho B", faz uma comparação entre a melancolia e a depressão periódica, partindo de uma investigação acerca da vida sexual de seus pacientes, e afirma que, diferentemente da depressão periódica, ocorre na melancolia uma anestesia [sexual] psíquica.

Essa forma de depressão, em contraste com a melancolia propriamente dita, quase sempre tem uma conexão aparentemente racional com um trauma psíquico. Este, no entanto, é apenas a causa precipitante. Ademais, essa depressão periódica não é acompanhada por anestesia [sexual] psíquica, que é característica da melancolia. (Freud, 1893/ 1969, p. 261)

Um ano depois, no "Rascunho E", Freud estava às voltas com o tema da angústia, também investigando sua origem e sua relação com a vida sexual de seus pacientes e propondo a distinção entre melancolia e neurose de angústia, enquanto continua observando uma anestesia psíquica nos casos de melancolia. Além disso, afirma que esses casos se desenvolvem a partir de um acúmulo de tensão psíquica:

Aqui se pode intercalar algum conhecimento que nesse meio tempo se obteve acerca do mecanismo da melancolia. Com frequência muito especial verifica-se que os melancólicos são anestéticos. Não têm necessidade de relação sexual (e não têm a sensação correlata). Mas têm um grande anseio pelo amor em sua forma psíquica — uma tensão erótica psíquica, poder-se-ia dizer. Nos casos em que esta se acumula e permanece insatisfeita, desenvolve-se a melancolia. Aqui, pois, poderíamos ter a contrapartida da neurose de angústia. Onde se acumula tensão sexual física — neurose de angústia. Onde se acumula tensão psíquica — melancolia. (Freud, 1894/ 1969, p. 272)

Lembramos que esse "Rascunho" serviu de base para o que Freud veio a elaborar mais tarde, em 1895, quando propôs a analogia entre anorexia e melancolia numa carta enviada a Fliess. Esse documento, publicado na obra freudiana como o "Rascunho G" (1895), constitui o primeiro estudo mais aprofundado sobre a melancolia, onde Freud estabelece uma relação com outras patologias, como a neurose de angústia, a neurastenia e a anestesia sexual. Além disso, explica a gênese da melancolia a partir da fisiologia, e, ao afirmar que a neurose paralela à melancolia é a anorexia, apresenta a proposição norteadora para o desenvolvimento desta pesquisa. Freud considera que a anorexia é "a neurose nutricional" paralela à melancolia; a anorexia, portanto, é uma forma de melancolia, na qual a sexualidade não se desenvolveu.

> A neurose nutricional paralela à melancolia é a anorexia. A famosa *anorexia nervosa* das moças jovens, segundo me parece (depois de cuidadosa observação), é uma melancolia em que a sexualidade não se desenvolveu. A paciente afirma que não se alimenta simplesmente porque não tem *nenhum apetite*; não há qualquer outro motivo. Perda do apetite — em termos sexuais, perda da libido. (Freud, 1895/ 1969, p. 283)

Freud sugere ainda uma correlação entre a melancolia e a anestesia, afirmando que em muitos casos de melancolia há uma história prévia de anestesia [sexual] e que "tudo que provoca anestesia favorece o desenvolvimento da melancolia" (Freud, 1895/ 1969, p. 283). Lembremos que alguns pontos abordados nesse momento seriam desenvolvidos por Freud, posteriormente, no texto "Luto e melancolia", como a comparação entre essas duas afecções e a ideia de que o afeto correspondente à melancolia é o mesmo que corresponde ao luto.

Queremos ressaltar a anestesia sexual observada por Freud a partir dos Rascunhos B, E e G, pois supomos que seja o primeiro ponto de aproximação entre a melancolia e a anorexia. Assim como ocorre na melancolia, há na anorexia um apagamento dos caracteres sexuais secundários, além da inibição da função alimentar.[24]

Um ano depois de aproximar a melancolia da anorexia, Freud escreveu o "Rascunho K" (1896), no qual propõe uma aproximação entre a paranoia e a melancolia, afirmando que todas as patologias causam um prejuízo permanente para o Eu: na histeria, temos um conflito; na neurose obsessiva, temos a autocensura; na paranoia, temos a mortificação; e na amência alucinatória aguda, o luto. Nesse momento, Freud coloca a melancolia como sendo parte do processo psicopatológico da paranoia, ou seja, como uma afecção patológica que poderia ocorrer vinculada à paranoia. Aqui ele já indica que o mecanismo de base das duas é um só: diante do fracasso da defesa, o Eu rejeita a ideia incompatível e comporta-se como se ela nunca tivesse existido.

No "Rascunho N" (1897), Freud aborda o tema da melancolia a partir da experiência da morte dos pais. Afirma que os impulsos hostis contra os pais são elementos integrantes das neuroses, assim como o desejo de que eles morram. Nesse contexto, propõe duas possíveis consequências da morte de um dos pais: na primeira, há uma autoacusação, que é nomeada melancolia; na segunda, há uma autopunição de forma histérica, e a pessoa passa a apresentar doenças idênticas às da pessoa falecida, que nomeia por identificação.

Estes são recalcados nas ocasiões em que é atuante a compaixão pelos pais — nas épocas de doença ou mor-

---

24 De acordo com Lopez & Campos (2011), os caracteres sexuais secundários são modificações do corpo que ocorrem devido ao funcionamento do sistema reprodutor e que permitem distinguir o homem da mulher. O desenvolvimento dos testículos e do pênis nos meninos e o crescimento dos seios nas meninas são as mudanças mais significativas.

te deles. Nessas ocasiões, constitui manifestação de luto uma pessoa acusar-se da morte deles (o que se conhece como melancolia) ou punir-se numa forma histérica (por intermédio da ideia de retribuição) com os mesmos estados [de doença] que eles tiveram. A identificação que aí ocorre, como podemos verificar, nada mais é do que um modo de pensar. (Freud, 1897/ 1969, p. 351)

Com isso, Freud já indica uma relação entre a melancolia, a identificação e a autocrítica, assunto que irá retomar alguns anos mais tarde no texto "Luto e melancolia", no qual esclarece a natureza da melancolia a partir de uma comparação com o luto normal. Nele, Freud afirma que a melancolia assemelha-se ao luto por apresentar um estado de ânimo doloroso, assim como uma supressão do interesse pelo mundo externo, da capacidade de amar e uma inibição geral da capacidade de realizar tarefas. No entanto, destaca que não encontramos no luto uma característica marcante da melancolia, a depreciação do sentimento de Si [*Selbstgefühl*].[25] Freud afirma que tal depreciação se manifesta por meio de censuras, críticas e insultos que o melancólico produz se dirigindo a si mesmo. Supomos que este seja o segundo ponto de aproximação entre a melancolia e a anorexia: a depreciação do sentimento de si, que pode ser constatada na autocrítica e nas autocensuras, presentes nas duas afecções. As características e o processo envolvido na melancolia serão desenvolvidos mais detalhadamente no item 3.5. Por enquanto, temos apenas o objetivo de destacar os possíveis pontos de aproximação entre a melancolia e a anorexia.

---

25 De acordo com a nota de rodapé publicada na edição de 2006, o termo *Selbstgefühl* foi traduzido por "sentimento de Si". O autor justifica tal tradução dizendo que "Preferiu-se aqui a tradução por *sentimento de Si*, pois autoestima tem um sentido mais estreito; *Selbstgefühl* abarca todo o modo como o sujeito se percebe, talvez mais próximo do termo 'autoconceito'; entretanto, o termo alemão também contém a palavra *Gefühl* (sentimento) que ressalta o verbo 'sentir' e os afetos em jogo" (Freud, 1917/ 2006).

Ao salientar essa característica presente na melancolia, Freud esclarece que, enquanto no luto o mundo fica pobre e vazio, na melancolia é o próprio Eu que se empobrece. Nela, há um delírio de insignificância predominantemente moral, "que é complementado por insônia, pela *recusa em alimentar-se* (grifamos)" (Freud, 1917/ 2006, p. 105). Essa depreciação do sentimento de si faz com que o melancólico se degrade e se desvalorize perante todos, julgando-se merecedor de castigos e punições; mas não há uma correspondência entre o nível de autodegradação e a realidade. Esse aspecto pode ser compreendido através do mecanismo, presente na melancolia, em que uma parte do Eu se coloca contra outra, tomando-a como objeto e julgando-a criticamente. Constatamos que essa característica é frequentemente percebida nos casos de anorexia e se manifesta através de censuras, críticas e insultos produzidos contra si mesmo.

Ao ouvir com mais atenção as múltiplas autorrecriminações produzidas pelos melancólicos, Freud teve a impressão de que as acusações mais graves não se referiam à própria pessoa, "mas que — com significantes modificações — se aplicam perfeitamente a uma outra pessoa que o doente ama, amou ou deveria amar" (Freud, 1917/ 2006, p. 107). Então, o que acontece nos quadros de melancolia é que, em um primeiro momento, as autorrecriminações eram direcionadas ao objeto amado e, num momento seguinte, foram retiradas desse objeto e se voltaram contra o próprio Eu.

Ao reconstruir esse processo, Freud explica que, primeiramente, há a escolha de uma pessoa como objeto da libido; mas, em função de uma decepção ou ofensa proveniente da pessoa amada, essa libido é retirada. Contudo, em vez de seguir um processo normal, no qual a libido se dirige a outro objeto, o que surge é o direcionamento dessa libido para o próprio Eu. A libido passa a ser utilizada para produzir uma identificação do Eu com o objeto abandonado. Nas palavras de Freud, "a sombra do objeto caiu sobre o Eu" (Freud, 1917/ 2006, p. 108), isto é, a perda do objeto transforma-se em uma perda de aspectos do Eu e "o conflito entre o Eu e a pessoa amada transformou-se num conflito entre a crítica ao Eu e o Eu modificado pela identificação" (Freud, 1917/ 2006, p. 108). A substituição do amor voltado para o objeto por uma identificação com ele é um mecanismo importante na compreensão das afecções narcísicas, já que ocorre a regressão de uma escolha objetal para o narcisismo.

Freud lembra que a identificação é anterior à escolha de objeto:

> Em outra ocasião já havíamos demonstrado que a identificação é o estágio que antecede a escolha do objeto. Trata-se de uma primeira etapa — aliás, bastante ambivalente na sua forma de manifestação — de como o Eu escolhe os objetos. O Eu quer incorporar esse objeto e para tal, em conformidade com a fase oral, ou canibalística, do desenvolvimento da libido, deseja devorá-lo. É a esse contexto que Abraham atribui, provavelmente com razão, a causa da recusa em alimentar-se encontrada em casos graves de melancolia. (Freud, 1917/ 2006, p. 109)

Tendo esse processo como referência, supomos que a identificação ao objeto seja o terceiro ponto de aproximação entre a anorexia e a melancolia. Entretanto, mais que um dos pontos em comum, consideramos a hipótese de que a identificação ao objeto é o mecanismo responsável, ou a condição de possibilidade da autodepreciação e da anestesia, que, como vimos, são também pontos comuns entre a anorexia e a melancolia. Portanto, a relação entre tais pontos não seria horizontal ou equivalente. Podemos pensar, talvez, que a anestesia, a autodepreciação, e, como veremos adiante, o sadismo, são produzidos a partir da identificação narcísica.

Dando continuidade ao seu raciocínio, Freud afirma que, diferentemente do luto, que se dá após a morte de uma pessoa amada, o desencadeamento da melancolia abrange todas as situações através das quais os elementos antagônicos de amor e ódio se inserem na relação com o objeto. Freud explica o conflito de ambivalência:

> Esse conflito de ambivalência, seja ele de origem mais real, ou mais constitutiva, é um dos importantes pré-requisitos para o surgimento da melancolia. Uma vez tendo de abdicar do objeto, mas não podendo renunciar ao amor pelo objeto, esse amor refugia-se na identificação narcísica, de modo que atua como ódio sobre esse objeto substituto, insultando-o, rebaixando-o, fazendo-o sofrer e obtendo desse sofrimento alguma satisfação sádica (...) após ter-se refugiado na enfermidade para não ter de lhe mostrar abertamente sua hostilidade, *o sujeito tortura seus entes queridos com sua doença, pois o estado mórbido dirige-se à pessoa que desencadeou o distúrbio nos sentimentos do doente, e esta normalmente se encontra no seu círculo mais próximo* (grifamos). Dessa forma, o investimento erótico no objeto do melancólico tem um duplo destino: em parte ele regrediu à identificação, em parte, porém, foi remetido — sob a influência do conflito de ambivalência — ao sadismo, que é o estágio de desenvolvimento mais próximo do conflito de ambivalência. (Freud, 1917/ 2006, p. 110)

Supomos que existe aqui um quarto ponto de aproximação entre a melancolia e a anorexia: o sadismo que acontece a partir de uma *via indireta de autopunição* — o sujeito acaba por torturar as pessoas mais próximas através do seu estado mórbido. Anestesiado, ele mobiliza o sofrimento alheio valendo-se da morbidade em que ameaça se dissolver. Se retomarmos os casos relatados ao longo da história, perceberemos que, assim como os melancólicos, os anoréxicos passam a produzir ódio sobre o objeto amado, conseguindo dessa maneira uma satisfação sádica.

Vimos que mesmo passando um longo período sem se alimentar e tendo perdido muito peso, o anoréxico não se queixa de dor, incômodo ou de qualquer sintoma relacionado ao transtorno alimentar. Na maior parte dos casos, quem se preocupa e sofre com o emagrecimento excessivo e com a recusa do anoréxico em se alimentar é a família, que acaba procurando alguma forma de tratamento para o transtorno.

O percurso feito até aqui nos permite destacar, em um primeiro momento, quatro pontos de aproximação entre a melancolia e a anorexia:

1) A anestesia sexual;
2) A depreciação do sentimento de si;
3) A identificação ao objeto perdido; e
4) O sadismo.

No que diz respeito ao primeiro ponto, a anestesia sexual, é preciso apontar que nos casos de anorexia a anestesia não se limita ao sexual propriamente dito, mas abrange também a função nutricional e alimentar.

Quanto ao segundo ponto, a depreciação do sentimento de si, esta se dá a partir da introdução de uma instância crítica, que se diferencia do Eu e *se volta contra ele.* Entendemos que enquanto *a depreciação do sentimento de si* comporta uma cota de masoquismo, o *voltar-se contra o próprio Eu* comporta uma cota de sadismo, que se dá por via direta.

Em relação ao quarto ponto, o sadismo, este se dá por uma via indireta de autopunição: o sujeito tortura os entes queridos com seu estado mórbido, conforme mencionado acima. Contudo, observamos que essa inclusão do outro não acontece em todos os casos de melancolia e anorexia.

Já no que tange ao terceiro ponto, a identificação ao objeto perdido, levantamos a hipótese de que será justamente tal identificação que permitirá o surgimento de todos os outros pontos, isto é, a *anestesia*, a *depreciação do sentimento de si* e o *sadismo* seriam efeitos da *identificação do Eu ao objeto perdido*.

Apesar dos pontos acima destacados (como pontos de aproximação), é possível perceber, em nossa prática, que há melancólicos não anoréxicos, bem como anoréxicos não melancólicos, e, ainda, anoréxicos claramente melancólicos. Tornar-se-ia, portanto, necessário distinguir o que os diferencia, já que a identificação ao objeto perdido e seus efeitos (anestesia, autodepreciação e sadismo) rondam tanto a anorexia quanto a melancolia.

Contudo, a importante distinção entre a melancolia e a anorexia não será alvo desta pesquisa. Aqui, temos apenas a intenção de investigar os possíveis pontos de aproximação entre elas, a fim de iluminar a clínica da anorexia a partir da melancolia.

Consideramos relevante investigar, com maior rigor, a hipótese de que a anestesia, a depreciação do sentimento de si e o sadismo são efeitos da identificação do Eu ao objeto perdido. Isso será feito a partir da retomada da nota que introduz o texto "Luto e melancolia" na *Edição Standard Brasileira das Obras Completas de Sigmund Freud*, na qual podemos constatar o que possibilitou a Freud retomar toda a discussão acerca da melancolia, a saber: a introdução do conceito de narcisismo. Acreditamos, portanto, que este seja o conceito-pivô na articulação da anorexia à melancolia.

Freud sustenta que a melancolia é uma neurose narcísica, e que a identificação nesses casos é do tipo narcisista. Relaciona o narcisismo ao autoerotismo, esclarecendo que, diferentemente deste último, o narcisismo não está no corpo desde o início; ele precisa ser constituído, e isso acontece a partir de uma "nova ação", que incide sobre o autoerotismo. Esse processo irá permitir a constituição do sujeito a partir da construção de um corpo e de uma identidade. Com o intuito de compreender como esse processo se dá, continuaremos nossa investigação abordando a constituição do sujeito em sua relação à mãe e ao objeto oral.

3.4. A constituição narcísica do sujeito

> Meu corpo não é meu corpo,
> é ilusão de outro ser.
> Sabe a arte de esconder-me
> e é de tal modo sagaz
> que a mim de mim ele oculta.
> (...)
> Meu prazer mais refinado,
> Não sou eu quem vai senti-lo.
> É ele, por mim, rapace,
> e dá mastigados restos
> à minha fome absoluta.
>
> *Carlos Drummond de Andrade*

Desde o nascimento do bebê, o alimento ocupa lugar privilegiado na relação entre a mãe e a criança. Para a psicanálise, a função alimentar não se limita apenas à necessidade biológica, instintiva, de manter o bebê vivo, sendo transformada por uma economia de prazer pulsional. Dessa forma, podemos dizer que o ato de se alimentar expressa a presença precoce do erotismo na infância e interfere diretamente na constituição da vida mental do sujeito.

Já no início de sua obra, no texto "Projeto para uma psicologia científica", escrito em 1895, Freud descreve a *experiência de satisfação*, na qual sugere que imaginemos um bebê em uma situação originária, incapaz de ajudar a si mesmo frente a seus estímulos endógenos como, por exemplo, a necessidade de alimentação. Primeiramente, o bebê sente fome, e com ela há a liberação de uma descarga pela via motora, que pode ser percebida por meio da expressão de emoções, gritos, choro e inervação muscular, insuficientes, porém, para reduzir a tensão vivenciada pela criança. O estímulo sentido só pode ser removido através de uma intervenção proveniente do mundo externo, de alguém capaz de fornecer, no caso da fome, o alimento.

O organismo humano é, a princípio, incapaz de promover essa ação sem ajuda alheia. Quando o grito do bebê é respondido com a ação de um agente externo, que o interpreta como apelo, como demanda a ser respondida, esse grito acaba por adquirir uma função secundária, a função de comunicação. Nas palavras de Freud:

> O organismo humano é, a princípio, incapaz de promover essa ação específica. Ela se efetua por *ajuda alheia*, quando a atenção de uma pessoa experiente é voltada para um estado infantil por descarga através da via de alteração interna. Essa via de descarga adquire, assim, a importantíssima função secundária de *comunicação*, e o desamparo inicial dos seres humanos é a *fonte primordial* de todos os *motivos morais*. (Freud, 1895/ 1969, p. 431)

É essa ação produzida pela outra pessoa que interpreta e atende ao grito do bebê, com o intuito de remover o estímulo endógeno que estava causando desconforto e desprazer, que foi denominada por Freud *experiência de satisfação*.

No texto "A interpretação dos sonhos" (1900/ 1969), Freud retoma a *experiência de satisfação* e volta a exemplificar tal vivência a partir da relação do bebê com o outro ser humano que cuida dele. Explica que, quando está com fome, o bebê grita ou dá pontapés. Essa situação só pode ser modificada a partir do auxílio de outra pessoa, intérprete da demanda do bebê, cuja resposta o leva à *vivência de satisfação* que coloca fim ao estímulo interno, causador de desprazer.

Freud esclarece que, no momento em que o estado de necessidade do bebê se repete, um impulso psíquico reinvestirá a imagem mnêmica da percepção com a intenção de restabelecer a primeira situação de satisfação. Portanto, na tentativa de reconstruir a situação da primeira satisfação, o aparelho psíquico refaz o caminho já conhecido através da primeira experiência de satisfação, que dessa vez se realiza por meio da alucinação. No entanto, tendo em vista que a alucinação não basta para satisfazer a necessidade de se nutrir, a criança busca ajuda de um outro ser humano capaz de lhe fornecer alimento. Freud afirma que um impulso dessa espécie é o que denominamos de desejo, e acrescenta:

> Uma moção dessa espécie é o que chamamos de desejo; o reaparecimento da percepção é a realização do desejo, e o caminho mais curto para essa realização é a via que conduz diretamente da excitação produzida pelo desejo para uma completa catexia da percepção. Nada nos impede de presumir que tenha havido um estado primitivo do aparelho em que esse caminho era

realmente percorrido, isto é, em que o desejo terminava em alucinação. Logo, o objetivo dessa primeira atividade psíquica era produzir uma *identidade perceptiva* (algo perceptivamente idêntico à *vivência de satisfação*) — uma repetição da percepção vinculada à satisfação da necessidade. (Freud, 1900/ 1969, p. 516)

Na vivência primária de satisfação da criança obtida por meio da amamentação, por exemplo, não é apenas o leite, alimento específico para saciar a fome do bebê, nem mesmo o seio, como fonte de leite, o que provoca a sensação de prazer, mas também o contato da mucosa da boca com o leite. Ao sugar o seio materno, a criança obtém suas primeiras experiências de prazer vinculadas à satisfação da necessidade de nutrição. Essa observação encontra-se no texto "Três ensaios sobre a teoria da sexualidade" (1905), no qual Freud enfatiza que o estímulo provocado pelo fluxo cálido do leite produz a sensação de prazer e, assim, relaciona a atividade sexual às funções que atendem à finalidade de autopreservação do bebê.

Ele relaciona também a alimentação à sexualidade, abordando, a partir daí, as primeiras experiências de satisfação em que os lábios do bebê funcionam como uma zona erógena, estimulada pelo alimento que gera prazer e satisfação à criança. É por isso que, frequentemente, observamos as crianças se ruborizarem e caírem sonolentas após a mamada: "O sugar com deleite alia-se a uma observação completa da atenção e leva ao adormecimento, ou mesmo a uma reação motora numa espécie de orgasmo" (Freud, 1905/ 1969, p. 168). Além disso:

> É fácil adivinhar também em que ocasiões a criança teve as primeiras experiências desse prazer que agora esforça por renovar. A primeira e mais vital das ativida-

des da criança — mamar no seio materno (ou em seus substitutos) — há de tê-la familiarizado com esse prazer. Diríamos que os lábios da criança comportam-se como *zona erógena*, e a estimulação pelo fluxo cálido de leite foi sem dúvida a origem da satisfação poderosa. A princípio, a satisfação da zona erógena deve ter-se associado com a necessidade de alimento. A atividade sexual apoia-se primeiramente numa das funções que servem à preservação da vida, e só depois torna-se independente delas. Quem já viu uma criança saciada recuar do peito e cair no sono, com as faces coradas e um sorriso beatífico, há de dizer a si mesmo que essa imagem persiste também como expressão da satisfação sexual em épocas posteriores da vida. (Freud, 1905/ 1969, p. 170)

Freud observa que, além da prática de sugar para se alimentar, é muito comum observar nos bebês um método que consiste na repetição rítmica de sucção com os lábios, que exclui qualquer propósito de nutrição. Essa prática do *chuchar*[26] pode permanecer até a maturidade, ou até mesmo por toda a vida. Ele explica que "uma parte dos próprios lábios, a língua ou qualquer outro ponto da pele que esteja ao alcance — até mesmo o dedão do pé — são tomados como objeto sobre o qual se exerce essa sucção" (Freud, 1905/ 1969, p. 168). Freud afirma que há uma relação entre o prazer do bebê em sugar de maneira rítmica alguma parte do corpo e a rememoração de outro prazer anterior a esse, mais originário, como o de ser alimentado

---

26 Uma das fontes de investigação utilizadas por Freud para o desenvolvimento desse trabalho foi o estudo feito por Samuel Lindner, pediatra húngaro que, em 1897, investigou os hábitos de sucção do bebê e observou o caráter libidinal desse processo. Lindner afirmou que o ato de sugar, mesmo quando não tinha como objetivo satisfazer a fome, era realizado com tamanha intensidade que acabava absorvendo muita atenção do bebê. Esse termo foi usado por Freud no texto "Três ensaios sobre a teoria da sexualidade" (1905/ 1969) e significa sugar com deleite, uma prática que consiste na repetição rítmica de sucção que exclui a finalidade da nutrição. Nessa prática, há um prazer pelo sugar.

no seio da mãe. O bebê tentará recuperar essa sensação de satisfação ao longo da vida através de outros meios.

Percebemos que Freud associa essa primeira satisfação — a da necessidade de nutrição ligada à preservação da vida — a uma segunda, concernente ao estímulo da zona labial, que, mais tarde, se destaca da primeira. Dessa forma, a necessidade de repetir a satisfação sexual antes encontrada acaba por dissociar-se da necessidade de se alimentar. Essa separação "se torna inevitável quando aparecem os dentes e o alimento já não é exclusivamente ingerido por sucção, mas também mastigado" (Freud, 1905/ 1969, p. 170). A criança já não necessita mais de um objeto externo para sugar, ela prefere se servir de uma parte de seu próprio corpo, o que é mais cômodo e acaba por torná-la independente do mundo externo para obter prazer. Freud, no entanto, nota que não são todas as crianças que apresentam esse mecanismo de sugar uma parte do próprio corpo: "É de se supor que cheguem a fazê-lo aquelas em que a significação da zona erógena labial for constitucionalmente reforçada" (Freud, 1905/ 1969, p. 170).

Freud (1905/ 1969) observa que, caso persista a significação do *chuchar*, isso poderá retornar na fase adulta em diversas formas de satisfação como, por exemplo, nas pessoas que são apreciadoras de beijos, que adoram fumar e beber, assim como em algumas pacientes com distúrbios alimentares: "Muitas de minhas pacientes com distúrbios alimentares, *globus hystericus*, constricção na garganta e vômitos foram, na infância, firmes adeptas do chuchar" (Freud, 1905/ 1969, p. 170).

Como se constata nessa observação sobre o desenvolvimento da fase oral, o autor postula uma interferência da atividade de satisfação e da sucção na própria produção de sofrimentos psíquicos relacionados com a alimentação.

Assim, tanto a ingestão excessiva quanto a recusa alimentar se originariam de uma experiência de prazer oral.

Com o objetivo de provar que todas as patologias que se manifestam na fase adulta têm em sua origem uma relação com a maneira como esse sujeito lidou com a sexualidade na infância, Freud retoma, nesse mesmo texto, sua teoria da libido, explicando que a fase oral pertence à "organização sexual pré-genital",[27] e descreve o autoerotismo como um estado inicial da libido, postulando que, nesse momento, a pulsão não se dirige a outro objeto, mas se satisfaz no próprio corpo, e, por isso, é denominada "autoerótica". Isso pode ser exemplificado nos casos em que o bebê suga o próprio corpo como forma de satisfação e, em seguida, rememora o primeiro momento em que houve uma experiência de satisfação.

Veremos adiante Freud constatar que, nesse momento do desenvolvimento psíquico de autoerotismo, há uma indiferenciação entre o corpo próprio e o mundo externo, posto não haver um Eu constituído. O neonato visa apenas assimilar o que lhe traz prazer, sendo indiferente ao mundo externo (Freud, 1915/ 2004, p. 158); Freud afirma que essa fase irá produzir importantes marcas na estrutura psíquica da criança.

Em 1911, no texto "Formulações sobre os dois princípios do acontecer psíquico", Freud retoma a *vivência de satisfação* quando afirma: "A tendência geral de nosso aparelho psíquico em apegar-se tenazmente às fontes de prazer disponíveis e sua dificuldade em renunciar a elas podem ser atribuídas a um princípio econômico de poupar esforço" (Freud, 1911/ 2004, p. 67). Entretanto, distin-

---

27 Conforme vimos anteriormente, Abraham está de acordo com Freud nesse ponto. E isso nos interessa, pois tal concepção será retomada no texto "Luto e Melancolia", quando Freud explica que, na melancolia, o sujeito se identifica com o objeto por incorporação deste ao seu Eu.

gue dois princípios regentes do funcionamento psíquico: o princípio de prazer e o princípio de realidade. O primeiro processo é o mais antigo e primário, tem como objetivo obter prazer e evitar o desprazer; já o segundo é capaz de modificar o primeiro, na medida em que lhe impõe as restrições necessárias à adaptação da realidade, havendo um processo de substituição do princípio do prazer pelo princípio de realidade:

> Por se tratar de uma apresentação esquemática, condensei aqui em uma única frase todo o processo de substituição do princípio do prazer pelo princípio da realidade, com todas as consequências psíquicas que dela resultam, mas na verdade essa substituição não ocorre de uma só vez, nem em toda a extensão da psique. Enquanto esse desenvolvimento está ocorrendo com as pulsões do Eu, as pulsões sexuais desprendem-se das primeiras de modo muito marcante. De início, as pulsões sexuais comportam-se autoeroticamente e encontram sua satisfação no próprio corpo. Elas não chegam a enfrentar uma situação em que ocorram impedimentos [*Versagung*] à satisfação e que obriguem à instauração do princípio da realidade. (Freud, 1911/ 2004, p. 67)

Tendo esses princípios de funcionamento psíquico como referência, Freud explica que o *Eu-prazer* não pode senão desejar, ou seja, buscar a obtenção de prazer e evitar o desprazer; já o *Eu-real* procura garantir-se contra danos e aspirar ao que lhe traz benefícios.

Freud retoma essas concepções em 1915, no texto "Pulsões e destinos da pulsão", no qual afirma que no início da vida psíquica o Eu está tomado de pulsões, sendo capaz de satisfazê-las em si mesmo. Nesse momento do desenvolvimento, o mundo externo não está investido de interesse.

O *Eu-sujeito* coincide com o que é prazeroso, enquanto o mundo externo coincide com o que é indiferente. "Na medida em que é autoerótico, o Eu não necessita do mundo externo" (Freud, 1915/ 2004, p. 158). Efetivamente esta afirmação freudiana pode ser compreendida considerando que, na falta de sua diferenciação, o neonato não distingue o que é exterior daquilo que pertence a seu Eu. Entretanto, mesmo não diferenciado como tal, já há incidência do mundo externo sobre ele, garantindo-lhe a sobrevivência.

Contudo, com as experiências produzidas a partir das pulsões de autoconservação, o Eu começa a receber objetos provindos do mundo externo, e não pode evitar perceber "as moções pulsionais internas como desprazerosas. Assim, sob o domínio do princípio do prazer, ocorrerá nele agora outro desenvolvimento" (Freud, 1915/ 2004, p. 158), a saber: quando os objetos oferecidos a partir do mundo externo são percebidos como fonte de prazer, eles são recolhidos pelo Eu, que os introjeta; e o que é percebido como fonte de desprazer, no próprio interior, é expulso, expelido a partir do Eu. Com isso,

> (...) desse Eu-real *inicial*, que pôde diferenciar o interno do externo a partir de marcas distintivas objetivas, deriva-se agora um Eu-prazer *purificado*, que coloca a característica de prazer acima de qualquer outra. O mundo externo é decomposto agora em uma parcela prazerosa, que ele incorpora em si, e um resto que lhe parece estranho. De seu próprio Eu ele extraiu uma parte que expeliu para o mundo externo e que passa a sentir como hostil. Assim, após esse reordenamento, se recompõe a superposição das duas polaridades:
> Eu-sujeito — como prazer
> Mundo exterior — como desprazer. (Freud, 1915/ 2004, p. 159)

Sendo assim, inicialmente, no texto de 1911, Freud pensou que haveria uma transformação direta de um precoce "Eu-prazer" em um "Eu-realidade". No trecho acima, escrito em 1915, sustenta um escalonamento da constituição do Eu de modo mais refinado, intermediando o Eu-prazer e o Eu-realidade. Parte da existência de um "Eu-realidade *inicial*", "em vez de converter-se diretamente no "Eu-real *definitivo*", foi substituída, sob a influência dominante do princípio do prazer, por um "Eu-prazer purificado" (Freud, 1915/ 2004, p. 171 – Nota 72). Tudo o que for prazeroso é assimilado ao Eu; o externo é o que é percebido como estranho.

> (...) em rigor, não há, de início, diferença entre o externo, o objeto e o odiado. Se mais tarde o objeto se revelar como uma fonte de prazer, ele passará a ser amado, mas também será incorporado ao eu, de modo que, para o eu prazer purificado, mais uma vez, o objeto coincidirá com o que é estranho e odiado. (Freud, 1915/ 2004, p. 159)

Freud separa esse processo de constituição por autoconservação do Eu dos processos de excitação sexual, e postula a libido como sendo uma força quantitativamente variável, capaz de medir as transformações e processos que se passam no âmbito da excitação sexual. Tal distinção possibilita formalizar que há no Eu uma quantidade de libido que se movimenta, aumentando ou diminuindo, e isso permitirá justificar os fenômenos psicossexuais observados. No entanto, ele nos alerta que a libido do Eu só pode ser percebida depois de se converter em libido do objeto. Depois de ser investida nos objetos, ela pode "fixar-se neles ou abandoná-los, passar de uns para os outros e, partindo dessas posições, norteia no indivíduo a atividade sexual que leva à satisfação, ou seja, à extinção parcial e temporária da libido" (Freud, 1905/ 1969, p. 205).

Nesse momento de sua obra, Freud aborda os destinos da libido, afirmando que ela pode estar investida tanto nos objetos como no Eu. Quando a libido é retirada dos objetos, ela retorna para o Eu, convertendo-se em libido do Eu, também denominada por Freud "libido narcísica":

> Podemos ainda inteirar-nos, no tocante aos destinos da libido, de que ela é retirada dos objetos, mantém-se em suspenso em estados particulares de tensão e, por fim, é trazida de volta para o interior do ego, assim se convertendo em libido do ego. Em contraste com a libido do objeto, também chamamos a libido do ego de libido narcísica. (Freud, 1905/ 1969, p. 205)

Por outro lado, Freud deixa claro que o reservatório de onde são enviadas as catexias de objetos é o Eu. E é neste Eu que novamente a libido será recolhida. A catexia libidinosa narcísica do Eu se "afigura como o estado originário realizado na primeira infância, que é apenas encoberto pelas emissões posteriores de libido, mas no fundo se conserva por trás delas" (Freud, 1905/ 1969, p. 205). A partir desse momento, o Eu, que antes era postulado como uma instância deslibidinizada, passa a ser o reservatório e o objeto de investimento libidinal.

Na nota introdutória do texto "À guisa de introdução ao narcisismo" (1914), o editor inglês nos lembra que Freud já havia declarado que o narcisismo era uma fase intermediária entre o autoerotismo e o amor objetal, e que esse termo já vinha sendo empregado por ele há alguns anos.[28] Freud avança em seus estudos e formaliza nesse texto o conceito de narcisismo.[29] Além disso, desenvolve algumas formulações que esclarecem a distinção entre a libido do Eu e a libido objetal, elaborações que irão nos permitir compreender a especificidade da identificação na melancolia que, como veremos, apresenta uma identificação do tipo narcisista.

A partir de algumas observações clínicas, Freud percebe que a libido investida narcisicamente faz parte do curso do desenvolvimento sexual de todo ser humano. Sendo assim, o narcisismo não seria uma perversão, mas o complemento libidinal presente em todos os seres humanos. Ele distingue dois tipos de narcisismo: narcisismo primário e narcisismo secundário.

O narcisismo primário,[30] segundo Freud, está presente, como o próprio nome indica, desde o início da vida, e se estrutura a partir das relações entre o bebê e aqueles que o circundam. Nesse momento, o investimento libidinal é prevalentemente autoerótico, embora anterior à constituição do Eu. Ao acrescentar o Eu ao autoerotismo (através de uma "nova ação psíquica"), constitui-se o narcisismo propriamente dito, ou seja, o narcisismo secundário.

---

28 Na obra freudiana, esse termo surgiu pela primeira vez em uma nota acrescentada, em 1910, ao texto "Três ensaios sobre a teoria da sexualidade" e no ensaio "Leonardo da Vinci e uma lembrança de sua infância", assim como no estudo sobre o caso Schreber, publicado em 1911. No entanto, o termo só adquiriu valor de conceito, em 1914, no texto "Sobre o narcisismo: uma introdução".

29 O conceito de narcisismo deriva da descrição feita em 1898 por Havelock Ellis, que usou a expressão "semelhante a Narciso" para descrever uma atitude psicológica. Um ano depois, Paul Näcke utilizou o termo "*Narzissmus*" para descrever uma perversão sexual. De acordo com Freud, o termo narcisismo foi empregado "para designar o comportamento do indivíduo que trata o próprio corpo como normalmente só trataria um objeto sexual. A pessoa contempla o próprio corpo, acaricia-o, cobre-o de carinhos e se compraz sexualmente até conseguir satisfazer-se plenamente por meio desses manejos" (Freud, 1914/ 2004, p. 97).

30 De acordo com Freud (1914/ 2004), o narcisismo primário "é mais difícil de ser apreendido pela observação direta. É mais fácil confirmá-lo por dedução retroativa a partir de outro ponto de observação" (Freud, 1914/ 2004, p. 110).

Portanto, ao relacionar o autoerotismo ao narcisismo, Freud afirma que o primeiro está no corpo desde as origens, acontecendo no estado inicial da libido, mas o segundo precisa ser constituído: "Esse narcisismo, que se constitui ao chamar de novo para si os investimentos anteriormente depositados nos objetos, pode ser concebido como narcisismo secundário, superposto a outro, primário" (Freud, 1914/ 2004, p. 98). O narcisismo secundário resulta, portanto, do retorno ao Eu dos investimentos que estavam anteriormente em objetos externos.

Freud supõe, assim, que o Eu não existe no indivíduo desde o início, mas precisa ser constituído. O Eu é, originalmente, investido de libido; e uma parte dela, em momento posterior, é repassada aos objetos, enquanto a outra parte permanece retida no Eu. Portanto, a libido pode ser investida nos objetos e depois retirada, e reinvestida no Eu. Freud formula, então, a existência de uma oposição entre a libido do Eu e a libido objetal:[31] quanto mais uma é utilizada, mais a outra se esvazia. A transferência da libido do Eu para os objetos só é possível a partir da concepção da ideia de um narcisismo secundário que se diferencia do primário, já que este último faz parte da fundação do Eu.

De acordo com Freud, quando uma pessoa está doente, ocorre um recolhimento dos investimentos libidinais para o Eu. Tais investimentos somente são reenviados de volta aos objetos depois da cura (Freud, 1914/ 2004, p. 103); e essa formulação acerca do funcionamento da libido é muito importante para a nossa pesquisa, pois supomos que, tanto na anorexia quanto na melancolia, há um maior investimento libidinal no Eu. Supomos ainda que,

---

31 A partir da investigação acerca das duas disposições da libido — libido do Eu e libido objetal —, Freud encontra condições para introduzir os conceitos de "ideal do eu" e do agente auto-observador a ele relacionado, que formarão a base para o que será descrito como sendo o "Supereu" no texto "O eu e o id", em 1923.

em alguns casos, ocorra uma *escassez* de investimento nos objetos, enquanto que em outros trata-se de uma *ruptura* da ligação com o objeto. Nesse caso, Freud afirma que a melancolia é resultado da ruptura de uma ligação com o objeto, que faz com que essa libido retorne ao Eu.

Do ponto de vista econômico, a passagem do narcisismo para o investimento nos objetos se faz necessária quando o investimento libidinal no Eu ultrapassa determinada quantidade, pois isso provoca um aumento de tensão psíquica que é sentido como desprazer. Nas palavras de Freud:

> A partir deste ponto, podemos arriscar-nos a indagar por que a vida psíquica se vê forçada a ultrapassar as fronteiras do narcisismo e a depositar a libido nos objetos. Mais uma vez a resposta que decorre de nossa linha de raciocínio seria a de que essa necessidade entrará em cena quando o investimento de libido no Eu ultrapassar determinada quantidade. Um forte egoísmo protege contra o adoecimento, mas, no final, precisamos começar a amar para não adoecer, e iremos adoecer se, em consequência de impedimentos, não pudermos amar. (Freud, 1914/ 2004, p. 106)

De acordo com Freud, há dois tipos de escolha de objeto: o tipo *veiculação sustentada* e o tipo *narcísico*. No primeiro, a criança toma seus primeiros objetos sexuais a partir das experiências de satisfação, ou seja, as pessoas envolvidas na conservação da vida do sujeito tornam-se, no momento seguinte, os primeiros objetos sexuais, o alvo do investimento libidinal. Em geral, esse objeto é encarnado pela mãe ou seu substituto. No segundo, a criança escolhe a si mesma como objeto de amor, e "foi essa observação que nos forneceu o motivo mais forte para adotarmos a hipótese do narcisismo" (Freud, 1914/ 2004, p. 107).

Esses dois tipos de escolha de objeto não são puros nem excludentes; "ambos os caminhos para a escolha de objeto estão franqueados a todo ser humano" (Freud, 1914/ 2004, p. 108), mas um ou outro acabará sendo privilegiado. Aqui, interessa-nos, sobretudo, a escolha de tipo narcísico, pois, como veremos adiante, é a forma melancólica de identificação, que, supomos, ocorre também em alguns casos de anorexia.

É importante destacar que a concepção intrínseca ao conceito de narcisismo é a formação do Eu a partir do outro (o *Nebenmensch* freudiano, que diz respeito ao *humano ao lado*).[32] As pulsões autoeróticas existem no bebê desde sua origem, antes mesmo de ele se dar conta de sua imagem completa, inteira. Não há no autoerotismo uma representação do corpo como uma unidade. Já o narcisismo surge posteriormente, correlativo ao Eu e à ideia de uma imagem de um corpo inteiro, completo. Freud observa que apenas *a posteriori* o bebê consegue perceber seu corpo como algo integrado.

Como se pode perceber, a relação entre a mãe e o bebê é um dos pontos importantes na passagem do autoerotismo ao narcisismo, de um corpo plural e desconectado para um corpo unificado, fundamental para a constituição psíquica do sujeito. O investimento materno no corpo do bebê influenciará diretamente na maneira como o sujeito perceberá o próprio corpo e a própria imagem corporal.

Podemos dizer então que, logo ao nascer, o bebê encontra-se em estado de total desamparo (*Hilflosigkeit*)[33] e urgência (*Not des Lebens*), o que o torna completamente dependente de outro ser humano que, na maioria das vezes, é encarnado pela mãe. O bebê começa a ter sensações

---

32 Freud utiliza o termo *Nebenmensch* para situar o agente materno no texto "Projeto para uma psicologia científica" (1895/ 1969).
33 Freud utiliza os termos *Hilflosigkeit* e *Not des Lebens* no texto "Projeto para uma psicologia científica" (1895/ 1969) para se referir às urgências da vida e ao desamparo, respectivamente.

corporais que são percebidas como prazer e desprazer; ao sentir qualquer incômodo, a criança demanda os devidos cuidados à mãe, pois é ela quem decifra o choro e as sensações enigmáticas do bebê dando-lhes um nome e uma solução, apaziguando, assim, algumas sensações corporais desagradáveis. Para responder a essas demandas, interpretando o choro e os sinais que aparecem no corpo do bebê, a mãe precisa investir libidinalmente esse corpo. Por meio desse investimento, ela não garante apenas a satisfação das necessidades do bebê para que ele permaneça vivo; ela permite ao bebê o acesso ao prazer. Esse investimento pode acontecer em uma economia excessiva ou escassa, o que certamente se refletirá na maneira como esse sujeito passará a perceber seu próprio corpo.

A mãe tem como fonte, portanto, uma relação com seu próprio corpo e com o corpo da criança. A constituição do autoerotismo e, consequentemente, do narcisismo só é possível a partir da existência desse outro que cuida, interpreta e garante a satisfação das primeiras necessidades do bebê. Se não houver um investimento libidinal em sintonia com esse corpo, ele não será percebido como um corpo de prazer, erógeno, falado, capaz de ultrapassar a pura e simples satisfação de necessidades. Sendo assim, podemos afirmar que, para Freud, o narcisismo é a operação necessária para que o sujeito constitua não apenas um Eu, mas também um corpo.

O Eu surge da confluência dessa imagem unificada que a criança constrói sobre seu próprio corpo. Nesse percurso realizado pela libido, o amor por si mesmo, sentido na infância e desfrutado pelo Eu, dirige-se agora ao Eu-ideal, ligado à infância. Esse Eu-ideal remete a uma época idílica, de perfeição imaginária, e tem como função proteger o Eu das críticas que a realidade impõe. "O narcisismo surge deslocado nesse novo Eu, que é ideal, e que se encontra agora de posse de toda a valiosa perfeição e completude" (Freud, 1914/ 2004, p. 112). O ser humano não é capaz de renunciar à satisfação desfrutada anteriormente; não quer se privar da completude narcísica de sua infância, mas, por outro lado, não poderá permanecer nesse estado de completude,

> (...) pois as admoestações próprias da educação, bem como o despertar de sua capacidade interna de ajuizar, irão perturbar tal intenção. Ele procurará recuperá-lo então na nova forma de um ideal-de-Eu. Assim, o que o ser humano projeta diante de si como seu ideal é o substituto do narcisismo perdido de sua infância, durante a qual ele mesmo era seu próprio ideal. (Freud, 1914/ 2004, p. 112)

O desenvolvimento do Eu ocorre através de um processo de distanciamento do narcisismo primário e uma tentativa por recuperá-lo. "Esse distanciamento ocorre por meio de um deslocamento da libido em direção a um ideal-de-Eu que foi imposto a partir de fora, e a satisfação é obtida agora pela realização desse ideal" (Freud, 1914/ 2004, p. 117). Concomitantemente, o Eu lançou aos objetos seus investimentos libidinais, empobreceu-se em decorrência desses investimentos e do ideal-de-Eu, e "voltará a enriquecer-se tanto pelas satisfações obtidas com os objetos como pela via da realização do ideal" (Freud, 1914/ 2004, p. 117).

Podemos considerar que, nos casos de anorexia, há algo que faz obstáculo para que essa ação denominada narcisismo se desdobre e seja deslocada para outros investimentos. Isso pode ser percebido através dos casos em que o Eu parece estar em discordância com seu corpo: a delimitação e diferenciação entre o próprio corpo e os objetos é distorcida. Além disso, a constatação da relação entre o narcisismo e a teoria da identificação, presente na teoria freudiana, nos permite localizar nos casos de anorexia uma perturbação no nível da identificação, sobretudo da identificação narcísica.

Como a nossa proposta é iluminar a clínica da anorexia a partir da melancolia, investigaremos a seguir a identificação melancólica e veremos que, nesses casos, há uma forma de identificação do tipo narcisista. Supomos que essa forma de identificação também ocorra em alguns casos de anorexia, e esse mecanismo nos permitirá aproximar as duas afecções, melancolia e anorexia.

3.5. A sombra do objeto: a identificação na melancolia e na anorexia

> Nessa intrincada soma de identificações, desenvolve-se o desejo de se fundir com o outro, trazer o outro para si numa espécie de incorporação.
>
> *Sylvia Paixão*

O primeiro rascunho do texto "Luto e melancolia", escrito em fevereiro de 1915, foi, nessa época, submetido à apreciação de Abraham, que respondeu a Freud com extensos comentários e uma importante contribuição, a sugestão de uma relação entre a melancolia e a fase oral do desenvolvimento libidinal. De acordo com o editor inglês, esse artigo exigiu uma análise sobre o tema da identificação.

Inicialmente, Freud considerou a identificação como intimamente relacionada à fase oral ou canibalística, e em 1913, no texto "Totem e tabu", escreveu sobre a horda primeva e as relações dos filhos com o pai nesse sistema.

Certo dia, conta Freud, os filhos se uniram para matar e devorar o pai e, através do ato "de devorá-lo, realizavam a identificação com ele" (Freud, 1913/ 1969, p. 170). Portanto, a identificação se dá a partir da incorporação do objeto, feita de forma oral.

Além dessa referência, poucos meses antes da elaboração de "Luto e melancolia" Freud acrescentou um trecho ao texto "Três ensaios sobre a teoria da sexualidade", no qual descreve a fase oral ou canibalesca como protótipo da identificação. Nessa fase, a atividade sexual ainda não foi separada da nutrição: o objeto de uma atividade é o mesmo da outra, e o alvo sexual é a incorporação do objeto — "modelo do que mais tarde irá desempenhar, sob a forma da identificação, um papel psíquico tão importante" (Freud, 1905/ 1969, p. 186).

A despeito das diferenças de contexto, vale notar certa ressonância entre os termos de que Freud se serve nos textos de 1913 ("Totem e tabu"), de 1905 ("Três ensaios sobre a teoria da sexualidade", com nota acrescentada em 1915) e em "Luto e Melancolia" (1917): trata-se da incorporação do objeto através do desejo de devorá-lo, produzindo uma identificação.

O tipo de identificação que nos interessa investigar neste trabalho é a concepção relacionada à melancolia, desenvolvida por Freud no texto "Luto e melancolia", e sua compreensão será fundamental para elaborar um paralelo entre a melancolia e a anorexia.

Conforme afirmamos anteriormente, Freud esclarece nesse texto de 1917 a natureza da melancolia a partir de sua comparação com o luto normal. A melancolia segue a linha geral do luto, mas apresenta algumas particularidades que, como veremos, foram compreendidas a partir do processo identificatório.

De modo geral, o luto é a reação à perda de um ente querido ou de abstrações colocadas em seu lugar; "entretanto, em algumas pessoas — que por isso suspeitamos portadoras de uma disposição patológica — sob as mesmas circunstâncias de perda, surge a melancolia, em vez do luto" (Freud, 1917/ 2006, p. 103). Portanto, a partir da perda de um objeto amoroso, teríamos, de acordo com Freud, dois caminhos: o primeiro seria o caminho normal, ou seja, o luto; o segundo seria o caminho que apresenta uma predisposição mórbida, a melancolia.

A partir da perda desse objeto, o luto e a melancolia apresentam as seguintes características em comum: um ânimo doloroso, uma suspensão de interesse pelo mundo externo, pela capacidade de amar, uma inibição em realizar tarefas. No entanto, há uma característica que só é percebida na melancolia: a depreciação do sentimento de si, que se manifesta através de censuras e insultos produzidos contra si mesmo:

> No luto, o mundo tornou-se pobre e vazio; na melancolia, foi o próprio Eu que se empobreceu. O doente nos descreve seu Eu como não tendo valor, como sendo incapaz e moralmente reprovável. Ele faz autocensuras e insulta a si mesmo e espera ser rejeitado e punido. Rebaixa-se perante qualquer outra pessoa e lamenta pelos seus parentes, por estarem ligados a uma pessoa tão indigna como ele (...). O quadro desse delírio de insignificância — predominantemente moral — é completado por insônia, pela recusa em alimentar-se. (Freud, 1917/ 2006, p. 106)

O melancólico apresenta um Eu desvalorizado, merecedor de autopunições e castigos. Como se não bastasse, tais características se manifestam de forma despudorada; o

melancólico não faz esforço para disfarçar tais proprieda-
des, pelo contrário, ele se exibe diante dos outros com suas
autorreprovações e lamentações.

Para compreender tais características, Freud re-
constrói o processo de desenvolvimento da melancolia da
seguinte forma: após perder o objeto de amor investido,
a libido não segue o fluxo normal de retirada desse objeto, reinvestindo, depois de algum tempo, em outro objeto.
Nesses casos, acontece o seguinte:

> A libido então liberada, em vez de ser transferida a
> outro objeto, foi recolhida para dentro do Eu. Lá essa
> libido não foi utilizada para uma função qualquer, e sim
> para produzir uma *identificação* do Eu com o objeto que
> tinha sido abandonado. Assim, a sombra do objeto caiu
> sobre o Eu. A partir daí uma instância especial poderia
> julgar esse Eu como se ele fosse um objeto, a saber: o ob-
> jeto abandonado. Desta forma, a perda do objeto trans-
> formou-se em uma perda de aspectos do Eu, e o conflito
> entre o Eu e a pessoa amada transformou-se num confli-
> to entre a crítica ao Eu e o Eu modificado pela identifica-
> ção. (Freud, 1917/ 2006, p. 108)

Há nos casos de melancolia, portanto, uma identificação do Eu com o objeto abandonado. A libido recolhida no Eu foi utilizada para produzir uma identificação do Eu com o objeto perdido, ou seja, "a sombra do
objeto caiu sobre o Eu". Neste processo, o objeto perdido retorna para dentro do Eu e o divide em duas partes;
uma instância especial passa a julgá-lo criticamente, e
a agir com crueldade e severidade em relação à outra
parte do Eu que introjetou o objeto, e tal mecanismo é
fundamental para a compreensão da especificidade da
identificação na melancolia, assim como na anorexia.

Freud aponta alguns aspectos que possibilitam esse tipo de processo identificatório: uma forte fixação no objeto de amor e, ao mesmo tempo, uma fraca resistência e aderência do investimento colocado no objeto. Para que isso aconteça, é necessário que o objeto tenha sido escolhido numa base narcísica,[34] "de forma que — ao se defrontar com obstáculos — o investimento de carga depositado no objeto possa regredir ao narcisismo" (Freud, 1917/ 2006, p. 108).

A partir daí a identificação narcísica com o objeto torna-se um substituto do investimento anteriormente depositado, permitindo que — apesar do conflito com o objeto de amor — não mais seja preciso renunciar à relação amorosa em si. Essa substituição do amor depositado no objeto por uma identificação com o objeto é um mecanismo de grande importância para as afecções narcísicas. (Freud, 1917/ 2006, p. 108)

Com tal afirmação, Freud introduz o conceito de identificação narcísica, declarando que a identificação é uma etapa preliminar à escolha objetal, a primeira forma pela qual o Eu escolhe um objeto. "O eu quer incorporar esse objeto e para tal, em conformidade com a fase oral, ou canibalística, do desenvolvimento da libido, deseja devorá-lo"[35] (Freud, 1917/ 2006, p. 109). Freud lembra que Abraham atribuiu a esse contexto canibalístico, no qual o Eu quer incorporar o objeto,

---

34 Isso nos remete ao texto de 1914, "À guisa de introdução ao narcisismo", no qual Freud distingue dois tipos de escolha de objeto: o tipo *veiculação sustentada* e o tipo *narcísico*.

35 Na nota introdutória desse texto o editor inglês esclarece que, nesse artigo, Freud não utiliza o termo "introjeção", embora já o tivesse utilizado no primeiro dos artigos metapsicológicos. Ao desenvolver o tema da identificação em "Psicologia de grupo", Freud utilizou a palavra "introjeção" em vários momentos.

a causa da recusa de alimentar-se presente nos casos graves de melancolia.[36]

Assinalamos que a identificação ao objeto corresponde ao terceiro dos quatro pontos de aproximação entre a melancolia e a anorexia que levantamos anteriormente, quando supomos que esse processo de identificação ao objeto permitiria o surgimento dos outros três pontos de aproximação: a anestesia, a depreciação do sentimento de si e o sadismo. E por esse motivo, nossa investigação terá que contemplar o conceito de identificação desenvolvido por Freud em 1921.

Em "Psicologia das massas e a análise do ego" (1921), Freud retomou o tema da identificação e o abordou de forma sistemática, dedicando-lhe um capítulo denominado "Identificação", onde afirma que a identificação é a forma mais remota e originária do laço afetivo, sendo, portanto, um processo que antecede o investimento objetal. Freud aborda o assunto a partir do complexo de Édipo, explicando que a identificação é ambivalente desde o início, podendo ser a expressão de ternura ou hostilidade e comportando-se como derivado da primeira fase oral da organização do desenvolvimento libidinal, na qual o objeto pelo qual prezamos e ansiamos é incorporado pela ingestão, sendo aniquilado como tal.

Freud escreve, em seguida, sobre a identificação a partir da formação neurótica de sintoma, e esclarece que ela pode acontecer a partir de três fontes: 1) pode decorrer[37] do Complexo de Édipo, no qual há uma vontade hos-

---

36 Na nota introdutória de "À guisa de introdução ao narcisismo" (1914) encontramos a informação de que Abraham foi o primeiro a chamar a atenção de Freud para essa suposição, em sua carta de 31 de março de 1915.

37 Chamamos a atenção para a diferença da tradução feita diretamente do alemão por Maria Rita Salzano (inédita, gentilmente cedida pela orientadora deste livro): "(...) a identificação é a mesma [*dieselbe*] do Complexo de Édipo, que significa uma vontade hostil de substituir a mãe", enquanto na *Edição Standard* lê-se que a identificação *pode decorrer* do Complexo de Édipo, no qual há uma vontade hostil de substituir o objeto ansiado.

til de substituir o objeto ansiado; é a forma mais original de laço afetivo com o objeto; 2) pode ocorrer por via regressiva, na qual o sintoma é o mesmo da pessoa amada, caso em que a identificação surge no lugar da escolha de objeto, tornando-se o substituto de uma ligação libidinal de objeto a partir da introjeção do objeto no Eu; ou 3) a identificação não considera qualquer relação de objeto com a pessoa copiada; o mecanismo é o da identificação formada pela capacidade ou anseio de colocar-se na mesma situação e, por isso, pode surgir a qualquer nova percepção de uma pessoa que não seja objeto das pulsões sexuais (Freud 1921/ 1969, p. 135).

Destacamos aqui o ponto em que Freud se refere a um tipo de identificação que ocorre nos casos de melancolia onde há uma perda afetiva ou real do objeto amado, e, assim como fez em "Luto e melancolia", afirma que há uma autodepreciação relacionada à autocrítica e às autocensuras, e que a experiência clínica demonstra que esses severos julgamentos e avaliações se aplicam ao objeto e representam uma vingança do Eu contra esse objeto: a introjeção do objeto no Eu se torna uma evidência inegável. "A sombra do objeto caiu sobre o ego, como disse em outra parte" (Freud, 1921/ 1969, p. 138).

Ao compreender que nesse processo ocorre uma cisão do Eu, Freud acaba por avançar um pouco mais no tema da melancolia, afirmando que o Eu se separa em duas partes que funcionam voltadas uma contra a outra. Na primeira parte, observa uma instância crítica do Eu, que mesmo em ocasiões normais acaba por assumir uma postura crítica contra ele; já a segunda foi modificada pela introjeção do objeto e, por isso, inclui o objeto perdido.

Freud retoma o tema da melancolia no texto de 1923, "O eu e o id", e afirma que, nesses casos, o investimento objetal foi recolhido e substituído por uma identificação.

Na primeira vez em que supôs esse mecanismo, em 1917, não estava em condições de perceber a importância desse processo e não tinha ideia do quanto era típico e frequente. "Entretanto, mais tarde viemos a compreender que grande parte da constituição do Eu se dá por esse mesmo tipo de substituição" (Freud, 1923/ 2007, p. 40).

Freud explica que na fase oral do desenvolvimento libidinal não é possível distinguir o investimento objetal da identificação, mas quando, por alguma razão, um objeto sexual deve ou precisa ser abandonado, pode haver uma modificação do Eu. Esse processo é descrito como análogo ao processo da melancolia, no qual o objeto é erigido dentro do Eu. No entanto, argumenta que esses processos de identificação regressiva não ocorrem apenas nos casos de melancolia, mas são muito frequentes nas fases de desenvolvimento precoce — o que nos dá margem para dizer que tal mecanismo também acontece em alguns casos de anorexia. Nas palavras de Freud:

> Contudo, quando um tal objeto sexual por alguma razão deve ou precisa ser abandonado, não é raro ocorrer uma modificação no Eu, que podemos descrever de modo análogo ao processo da melancolia no qual o objeto é erigido dentro do Eu. As circunstâncias mais detalhadas dessa substituição ainda nos são desconhecidas. Talvez essa introjeção — que é um tipo de regressão ao mecanismo da fase oral — seja o meio utilizado pelo Eu para facilitar, ou possibilitar, que se abdique do objeto (...). De qualquer forma, trata-se de um processo muito frequente nas fases de desenvolvimento precoce. A partir dele, poderíamos supor que o caráter do Eu seja, na verdade, um precipitado destes investimentos recolhidos dos objetos dos quais se desistiu. Assim, poderíamos dizer que o Eu contém as histórias dessas escolhas objetais. (Freud, 1923/ 2007, p. 40)

A partir disso, Freud busca explicar as consequências dessa identificação do Eu ao objeto perdido. Diz que, ao adotar as características desse objeto, o Eu acaba se impondo ao Id como sendo o objeto de amor, dizendo-lhe: "Veja, você também pode me amar, sou tão parecido com o objeto" (Freud, 1923/ 2007, p. 41). A identificação narcísica é, assim, um processo indissociável da constituição do Eu, de qualquer Eu. Em suma, a identificação garante que algo do objeto permaneça dentro do Eu.

Nossa hipótese é a de que em alguns casos de anorexia ocorreria o mesmo mecanismo de identificação da melancolia, ou seja, uma identificação narcísica. Essa identificação ao objeto acabaria por acarretar nas duas afecções alguns pontos de aproximação, a saber: a anestesia; a depreciação do sentimento de si, que se dá a partir da introdução de uma instância crítica que se diferencia do Eu e se volta contra ele; e o sadismo, que se dá por uma via indireta de autopunição. No entanto, teríamos na anorexia uma repetição: não comer. Esse "não comer" faz ato, um modo de ruminar que pode levar à morte por inanição.

3.6. Uma metapsicologia da anorexia? (Aproximações)

Vivo no pecado, vivo para mim ao mesmo tempo que Morro.
Minha vida não mais me pertence, ela é presa do mal.
Meu bem me vem do céu, meu mal de mim mesmo,
De minha vontade desregrada que me abandona.
Minha liberdade, deixei-a em escravidão.

Miguel Ângelo apud Lambotte

3.6.1. Anestesia

Um ponto de aproximação proposto entre a anorexia e a melancolia é a anestesia sexual, citada por Freud nos Rascunhos B, E, e G como uma característica frequente nos casos de melancolia. No "Rascunho G" (1895), Freud propõe um paralelo entre a melancolia e a anorexia dizendo que "a famosa *anorexia nervosa* das moças jovens, segundo me parece (depois de cuidadosa observação), é uma melancolia em que a sexualidade não se desenvolveu" (Freud, 1895/ 1969, p. 283). Freud afirma ainda no mesmo manuscrito que a anestesia não é exclusiva da melancolia, ou seja, é possível estar anestesiado sem ser melancólico. Tal afirmação nos dá respaldo para supor que tal característica também pode estar presente nos casos de anorexia.

Enquanto na melancolia há uma ausência de apetite sexual, na anorexia ocorre uma perda de apetite, que estaria referenciada tanto à vertente alimentar quanto à vertente sexual, como nos casos de jovens nas quais a sexualidade não teria se desenvolvido, numa tentativa de manter o corpo infantilizado através de uma recusa do desenvolvimento sexual (apagamento dos caracteres sexuais secundários).

O conceito de inibição proposto por Freud pode lançar uma luz sobre o mecanismo que provoca a perda de apetite, tanto alimentar quanto sexual, e para tal recorreremos ao texto "Inibições, Sintomas e Ansiedade" (1926[1925]/ 1969), no qual Freud relaciona a inibição às funções sexual, alimentar, motora e aquelas relacionadas ao trabalho. Destacaremos aqui apenas as funções sexual e alimentar, que se apresentam com maior frequência nos casos de anorexia.

De acordo com Freud, a função sexual está exposta a diversas formas de inibição, que podem se manifestar tanto em homens quanto em mulheres. A função alimentar se caracteriza, por um lado, pela inapetência e, por outro, pela intensificação do apetite:

> A função da nutrição é, com maior frequência, perturbada por uma falta de inclinação para comer, acarretada por uma retirada da libido. Um aumento do desejo de comer também não constitui coisa incomum. A compulsão para o comer é atribuída ao medo de morrer de fome, mas isto é um assunto pouco estudado. O sintoma de vômito é conhecido por nós como uma defesa histérica contra o comer. A recusa de comer devido à ansiedade é concomitante de estados psicóticos (delírio de envenenamento). (Freud, 1926[1925]/ 1969, p. 109)

De acordo com Freud, inibição é a expressão da restrição de alguma função do Eu, que pode ter diferentes causas; mas, geralmente, "a função do Ego de um órgão fica prejudicada se a sua erotogeneidade — sua significação sexual — for aumentada" (Freud, 1926[1925]/ 1969, p. 110).

Freud aborda também as inibições do Eu que se dão de maneira generalizada, e toma como exemplo o luto ou qualquer situação que provoque uma forte supressão do afeto. Tal supressão produz uma perda muito grande da energia que estava à disposição e, consequentemente, acarreta a necessidade de reduzir o gasto de energia em muitos pontos: "Temos aqui um ponto a partir do qual deve ser possível chegar a uma compreensão da condição da inibição geral que caracteriza estados de depressão, inclusive a mais grave de suas formas, a melancolia" (Freud, 1926[1925]/ 1969, p. 110). Mas por que pensamos que o mecanismo de identificação narcísica pode produzir uma anestesia sexual?

Conforme vimos, o processo de identificação narcísica faz com que a libido liberada retorne para o Eu, ou seja, a libido é reinvestida no próprio Eu. Supomos que, tanto na melancolia quanto na anorexia, ocorre esse tipo de investimento libidinal no Eu e uma escassez de investimento nos objetos. Sendo assim, supomos também que há, nesses casos, um problema econômico, que poderia se dar de duas formas:

1) um investimento exacerbado no Eu;
2) pouca energia disponível para investimento.

Na primeira forma, há uma inibição que produz um excesso de investimento, uma erotogeneidade em uma função específica, como a função sexual ou alimentar. Poderíamos supor aqui que haveria na anorexia uma erotogeneidade da função alimentar, produzindo uma hipertrofia da função sexual. O anoréxico deixa de comer porque o comer ganha uma significação sexual, levando a uma hipertrofia da sexualidade secundária. Em virtude disso, ele pode prescindir da sexualidade propriamente dita, o que se manifesta através da ausência de apetite. Ele não apresenta um investimento na sexualidade genital porque o narcisismo está "embriagado" de sexualidade.

Na segunda forma, que qualificaria os casos mais graves de anorexia, há uma supressão do afeto, acarretando uma redução significativa da energia disponível e, consequentemente, uma inibição generalizada. Tanto a função sexual quanto a função alimentar estariam inibidas, nos casos de anorexia, por não haver energia disponível para investimento.

3.6.2. Autodepreciação

Outro ponto de aproximação proposto entre a melancolia e a anorexia é a depreciação do sentimento de si, produto da exacerbação de uma instância crítica[38] que se diferencia do Eu e se volta contra ele. Se retomarmos o processo de identificação que acontece nos casos de melancolia, veremos que há uma divisão do Eu em duas partes: uma parte se identifica ao objeto perdido[39] e a outra se coloca contra ela, julgando-a criticamente, agindo com crueldade e severidade. Uma parte do Eu foi modificada pela identificação ao objeto através de sua introjeção, e por isso inclui o objeto perdido.

Esse mecanismo pode ser constatado nos insultos, punições, críticas e depreciação que os melancólicos e anoréxicos produzem contra si. Freud nota que não há uma correspondência entre essas autodegradações e a realidade. Supomos que o par sadismo/ masoquismo proposto por Freud possa nos ajudar a iluminar esse mecanismo de autopunição, autodegradação e autodepreciação frequentemente presente nos casos de anorexia.

Os conceitos de sadismo e masoquismo sofreram várias alterações ao longo da obra freudiana, mas Freud nunca abandonou a ideia de uma estreita relação entre eles. Supôs, inicialmente, que o masoquismo seria um elemento do par sadismo/ masoquismo, sendo este uma vicissitude da pulsão sádica. Estariam, portanto, relacio-

---

38 A exacerbação de uma instância crítica nos remete ao conceito de Supereu proposto por Freud, uma das três instâncias psíquicas, juntamente com o Eu e o Isso, que exerce de forma implacável as funções de juiz e de censor em relação ao Eu. Freud afirma que o Supereu pode ser percebido na formação de ideais, da consciência moral e da auto-observação. Em alguns momentos, ele aparece relacionado ao ideal e à proibição e, em outros, a uma função repressora: "(...) a nova instância passou a ser, desse momento em diante, a sede da auto-observação, o depositário da consciência moral, tornando-se, enfim, o portador do ideal do eu, com o qual o eu se compara, ao qual ele aspira e do qual se esforça por atender a reivindicação de um aperfeiçoamento cada vez mais avançado" (Roudinesco & Plon, 1998, p. 745).

39 Lembramos que esse objeto perdido foi, em um primeiro momento, o objeto de amor, eleito sob uma base narcísica. No entanto, a partir do momento em que é abandonado, o objeto amado se transforma em objeto odiado. Há, portanto, uma relação de ambivalência, produzida por amor e ódio ao objeto.

nados a uma mesma pulsão; o masoquismo seria derivado de um sadismo primário, de um retorno do sadismo sobre o próprio corpo.

Freud sistematizou o par sadismo/ masoquismo em "Três ensaios sobre a teoria da sexualidade" (1905/ 1969), onde descreve seus elementos como os componentes da sexualidade infantil, afirmando, nesse momento, que o masoquismo é um sadismo voltado contra a própria pessoa, assumindo inicialmente o lugar do objeto sexual (Freud, 1905/ 1969, p. 148).

A introdução do conceito de narcisismo em "À guisa de introdução ao narcisismo" (1914) produziu modificações em algumas formulações freudianas, inclusive na compreensão do masoquismo, já que esse conceito faz do Eu uma instância que pode ser investida libidinalmente, sendo, além disso, o reservatório da libido. Essa alteração na teoria freudiana anuncia, mesmo que de maneira rudimentar, uma distinção entre o Eu ideal e o ideal do Eu: enquanto o primeiro é objeto das primeiras satisfações narcísicas, relacionado à perfeição e completude, o segundo será, inicialmente, relacionado à consciência moral[40] e em seguida ao Supereu, e, por conseguinte, ao masoquismo moral.

Em "Pulsões e destinos da pulsão" (1915/ 2004), Freud aborda dois destinos da pulsão relacionados ao tema do masoquismo: a transformação em seu contrário e o redirecionamento contra a própria pessoa. O primeiro destino da pulsão — a transformação em seu contrário — contêm dois processos: a) o redirecionamento da pulsão da atividade para a passividade; e b) a inversão do conteúdo. Para exemplificar o processo (a), Freud cita os pares de opostos sadismo-masoquismo e voyeurismo-exibicionismo. A

---

40 No texto "À guisa de introdução ao narcisismo", Freud explica que "a instauração da consciência moral nada mais foi, em essência, do que a incorporação, primeiro, da crítica parental e, depois, da crítica da sociedade" (Freud, 1914/ 2004, p. 113).

modificação da atividade para a passividade diz respeito às metas pulsionais: a meta ativa consiste, por exemplo, em torturar, em olhar; e é substituída por uma meta passiva, que consiste em ser torturado, em ser olhado.

Já o segundo destino da pulsão — o redirecionamento contra a própria pessoa — pode ser percebido apenas na transformação do amor em ódio, um processo que se torna mais compreensível quando Freud considera que o masoquismo é um sadismo que se voltou contra o próprio Eu. Há, portanto, além de uma mudança da atividade para a passividade, um redirecionamento contra a própria pessoa: "A observação analítica também mostra, sem deixar margem para dúvidas, que o masoquista compartilha do gozo[41] [*mitgeniesst*] implicado na agressão contra a sua pessoa" (Freud, 1915/ 2004, p. 152). Freud considera que o redirecionamento contra a própria pessoa e o redirecionamento da atividade para a passividade convergem ou coincidem.

Para esclarecer o que acontece no par de opostos sadismo-masoquismo, Freud apresenta um processo que se dá em três momentos: no primeiro, o sadismo consiste em violência contra outra pessoa, que é tomada como objeto; no segundo, esse objeto é abandonado e substituído pela própria pessoa (esse retorno da pulsão à própria pessoa transforma a meta pulsional de ativa para passiva); no terceiro, mais uma vez, busca-se outra pessoa como objeto, que assume o papel de sujeito. Este último processo é chamado de masoquismo, e retoma a ideia de que parece não haver um masoquismo original. É possível supor que o segundo tempo de funcionamento só pode ser elaborado a partir do conceito de narcisismo.

---

41 De acordo com a nota publicada no texto "Pulsões e destinos da pulsão" (1915/ 2004), o termo gozar [*mitgeniesst*] significa "usufruir", "desfrutar", "deleitar-se", "aproveitar", mas a melhor tradução talvez seja utilizada na linguagem coloquial, "curtir".

Esses três momentos nos mostram que Freud modifica a concepção elaborada no texto de 1905, "Três ensaios sobre a teoria da sexualidade", onde supunha que o sadismo se transformaria diretamente em masoquismo, introduzindo uma fase intermediária entre o sadismo e o masoquismo, na qual o próprio sujeito é incluído no circuito pulsional. O Eu se torna o objeto de satisfação da pulsão, que antes estava investida no objeto. A partir desse retorno ao Eu, surgem os sentimentos de autocensura e autopunição.

Freud compara o masoquismo à neurose obsessiva, assinalando que esta última só chega ao segundo tempo, em que há uma ação sobre o próprio Eu. Para esclarecer tal operação, diz que a voz ativa se transforma em voz reflexiva média, ou seja, uma posição ativa com fins passivos. Tal elaboração nos leva a ponderar que há, no masoquismo, uma posição ativa. Por outro lado, Freud explica que, uma vez que se tenha completado a transformação em masoquismo, no qual as sensações de dor produzem um estado de prazer, pode ser que aconteça a meta sádica.

> Assim, uma vez que sentir dores se tenha tornado uma meta masoquista, também pode ocorrer que retroativamente surja a meta sádica de infligir dores, pois à medida que provocamos dores nos outros, nós mesmos, em nossa identificação com o objeto que sofre, podemos fruí-las [*geniesst*], de modo masoquista (...). Sentir prazer com a dor seria então uma meta original de cunho masoquista; entretanto, esse comprazer-se com a dor só pode tornar-se meta pulsional na pessoa sádica. (Freud, 1915/ 2004, p. 153)

Alguns anos depois, no texto "Além do princípio do prazer" (1920), Freud retoma a concepção de que o masoquismo é um sadismo que se voltou contra o próprio Eu, mas a introdução do conceito de "pulsão de morte" possibilita a Freud avançar em suas formulações a esse respeito, passando a cogitar a existência de um masoquismo primário:

> Mas, em princípio, o que aqui se apresenta como nova questão, isto é, o movimento da pulsão a partir do Eu em direção ao objeto, não é diferente do movimento da pulsão objetal em direção ao próprio Eu. O masoquismo, ou o redirecionamento da pulsão contra o próprio Eu, então, na realidade, um retorno [*Rückkehr*] a uma fase anterior dessa pulsão, ou seja, uma regressão [*Regression*]. Entretanto, em um ponto a formulação sobre o masoquismo que apresentamos àquela época deveria ser corrigida por se mostrar demasiado limitadora, ou seja, além do masoquismo secundário que retorna ao Eu, poderia também existir um masoquismo primário que emana do Eu, embora naquele momento eu tenha contestado essa possibilidade. (Freud, 1920/ 2006, p. 175)

A elaboração de um masoquismo primário permaneceu na teoria freudiana. Em "O problema econômico do masoquismo" (1924/ 2007), Freud fornece sua mais completa elaboração a respeito do masoquismo, partindo da hipótese de que os processos psíquicos são dominados pelo princípio do prazer que, conforme vimos anteriormente, tem como meta obter prazer e evitar o desprazer; mas tal elaboração parece insuficiente para compreender o masoquismo. Ao avançar um pouco mais em sua investigação, percebe que relacionar prazer e desprazer à diminuição e aumento de tensão é uma elaboração insuficiente para compreender o masoquismo, já que algumas tensões podem ser sentidas como prazerosas e algumas distensões como desprazerosas.

Freud (1924/ 2007) distingue três formas de masoquismo: erógeno, feminino e moral. O primeiro, o *ma-*

soquismo erógeno, fundamenta as outras duas formas de manifestação do masoquismo; se formaria sobre uma base fisiológica e estaria presente desde sempre como expressão da pulsão de morte. O masoquismo erógeno está presente em todas as fases de desenvolvimento libidinal, o que significa afirmar que em todos os estádios libidinais existem componentes masoquistas e sádicos. Como está vinculado aos componentes da libido, o masoquismo erógeno toma o próprio organismo como objeto.

> (...) Diríamos, então, que após a parcela principal do sadismo original ter sido transposta para fora em direção aos objetos, um resíduo interno teria permanecido, e seria este o masoquismo propriamente dito, isto é, o masoquismo erógeno. Este, por um lado, teria, então, se tornado um componente da libido, e, por outro, tomaria como objeto o próprio organismo. Assim, esse masoquismo seria um testemunho e um resquício da antiga fase de formação essencial para a vida, em que houve um amálgama entre a pulsão de morte e Eros. (Freud, 1924/ 2007, p. 110)

O segundo, o *masoquismo feminino*, pode ser percebido através das fantasias de alguns homens.[42] Há, nessas fantasias masoquistas, a busca de uma posição feminina que comporta um traço negativo:

> A castração, ou ato de cegar e vazar os olhos, ato que frequentemente substitui a castração, deixa nas fantasias sua marca ao avesso, isto é, em negativo, pois nelas é imposta a condição de que justamente os genitais ou os olhos não possam sofrer danos (aliás, as torturas masoquistas raras vezes dão impressão de serem tão sérias

---

42 Nesse texto, Freud (1924/ 2007) justifica o fato de só ter abordado os casos masculinos, dizendo que este era o material clínico de que dispunha na época.

quanto as crueldades — fantasiadas ou encenadas — do sadismo). No conteúdo manifesto das fantasias masoquistas, também se delineia um sentimento de culpa (...). Ora, é exatamente desse momento de culpa no masoquismo feminino que deriva a terceira forma de masoquismo, a moral. (Freud, 1924/ 2007, p. 108)

O terceiro, o *masoquismo moral*, refere-se à relação entre o Eu e o Supereu, aos ataques que este último produz contra o Eu. O Supereu é representante do Id e do mundo externo e surgiu "quando os objetos das primeiras moções [*Regungen*] libidinosas do Id, os pais, foram introjetados no Eu" (Freud, 1924/ 2007, p. 112). O Supereu conservou algumas características das pessoas introjetadas como, por exemplo, a severidade, a tendência a exercer o controle e a punir, o que faz com que o Supereu seja cruel, inclemente e duro contra o próprio Eu. Há uma satisfação que só pode ser atendida através do castigo e da dor, acentuando o sofrimento. "O Supra-Eu[43] — a consciência moral ativa dentro dele — pode então tornar-se duro, cruel e inclemente contra o próprio Eu pelo qual ele zela" (Freud, 1924/ 2007, p. 112).

De acordo com Freud, acontece um redirecionamento do sadismo contra a própria pessoa, e a pulsão de destruição que foi introjetada passa a se manifestar no Eu como uma amplificação do masoquismo: "Na verdade, o sadismo do Supra-Eu e o masoquismo do Eu completam-

---

43 Os termos técnicos empregados por Freud admitem diversas possibilidades tradutórias. De acordo com o comentário do editor brasileiro que introduz o texto "O eu e o id" (1923/2007), o termo *Über-Ich* é comumente traduzido por *Superego, Supereu*. No entanto, o termo *Super,* em português, expressa uma posição referente a *estar situado acima de*. Com a intenção de evitar tal equívoco, optou por utilizar, nessa nova tradução, o termo *Supra*, já que este possui o mesmo significado de *Super* e não é confundido com uma posição poderosa. No entanto, optamos por manter nesta dissertação uma tradução já consolidada e utilizamos o termo *Supereu* — com exceção das citações feitas na íntegra.

-se mutuamente e unem-se na promoção dos mesmos resultados" (Freud, 1924/ 2007, p. 115).

> Dessa forma, o masoquismo moral é um perfeito testemunho da existência de uma fusão pulsional. Por um lado, sua periculosidade deriva de sua origem na pulsão de morte, daquela parcela que escapou de ser direcionada para fora sob forma de pulsão de destruição, mas, por outro, o masoquismo moral também representa um componente erótico; portanto, podemos finalizar afirmando que, mesmo no processo de autodestruição do sujeito, não poderá faltar uma satisfação libidinal. (Freud, 1924/ 2007, p. 115)

Após este esclarecimento acerca do mecanismo masoquista, podemos retomar o tema da anorexia afirmando que percebemos, em alguns casos, a presença de autocrítica, autodepreciação e autopunições, características relacionadas ao processo de identificação, que produz uma cisão no Eu. Conforme dissemos anteriormente, esta cisão faz com que uma parte do Eu se torne uma instância crítica e se volte contra a outra, identificada ao objeto.

Além disso, ao retomarmos as elaborações de Freud acerca da melancolia, notamos que ele observa, nesses casos, uma obscenidade em se autodepreciar. Esse despudor se dá porque as autoacusações do melancólico, na realidade, não se referem a ele mesmo, mas à pessoa que ele ama ou amou, ou seja, ao objeto perdido. Consideramos que essa característica também pode ser constatada em alguns casos de anorexia, que apresentam um despudoramento com relação aos sintomas específicos dessa afecção, como o emagrecimento e a recusa em se alimentar, e supomos que isso seja decorrente do mesmo mecanismo da melancolia. Tratar-se-ia, então, em certos casos de anorexia, desse mesmo processo, no qual o Eu está tão identificado ao objeto que é capaz de tratar a si próprio como se fosse o objeto perdido?

A formulação de tal mecanismo (de identificação ao objeto) permitiu a Freud (1917/ 2006) explicar a tendência ao suicídio presente em alguns casos de melancolia, esclarecendo que isso ocorre nos casos em que o Eu é capaz de tratar a si mesmo como o objeto perdido, dirigindo toda a hostilidade que deveria ser direcionada contra o objeto para o próprio Eu identificado com o objeto. Ou seja, o Eu só pode matar a si mesmo quando o investimento que estava no objeto retorna ao próprio Eu.

> Mas, a partir da análise da melancolia, agora se tornou claro que o Eu somente pode matar a si mesmo se conseguir, através do retorno do investimento objetal, tratar a si próprio como um objeto, isso é, se puder dirigir contra si a hostilidade originalmente destinada a um objeto, hostilidade esta que, em verdade, está no lugar [*vertritt*] da reação original do Eu contra o objeto do mundo externo. (Freud, 1917/ 2006, p. 111)

Trata-se, pois, de fazer o seguinte, por meio da identificação: em vez de insultar o objeto, insultar-se; em vez de rebaixá-lo, rebaixar-se; em vez de fazê-lo sofrer, fazer-se sofrer, obtendo, assim, alguma satisfação sádica. Supomos que os casos de anorexia que apresentam essas características possuem um Supereu "feroz", voltado contra o próprio Eu. Conjecturamos também que há, nesses casos, um excesso de investimento libidinal no Eu, "mal administrado", produzindo um desarranjo econômico que pode se manifestar como o "não comer", uma inibição alimentar.

3.6.3. Via indireta de autopunição

O último ponto de aproximação aqui proposto entre a melancolia e a anorexia é o sadismo, que se dá por uma via indireta de autopunição, ponto destacado a partir da elaboração de Freud acerca da melancolia. Segundo ele, o estado mórbido do melancólico é dirigido à pessoa que desencadeou "o distúrbio nos sentimentos do doente, e esta normalmente se encontra no círculo mais próximo" (Freud, 1917/ 2006, p. 110). Percebemos essa característica em alguns casos de anorexia, quando os familiares ou as pessoas mais próximas dizem que estão sofrendo, que não sabem o que fazer e que se sentem desesperados diante de tanta magreza e recusa alimentar.

Ao retomarmos, mais uma vez, as elaborações freudianas acerca da identificação narcísica, vimos que, a partir da perda do objeto escolhido, o melancólico precisa abdicar do objeto, mas não pode abandonar o amor por ele; isso faz com que o amor se refugie na identificação narcísica. Lembramos que o que era sentido como amor em um primeiro momento se transforma em ódio. Existe, portanto, um conflito de ambivalência.

> Esse conflito de ambivalência, seja ele de origem mais real, ou mais constitutiva, é um dos importantes pré-requisitos para o surgimento da melancolia. Uma vez tendo de abdicar do objeto, mas não podendo renunciar ao amor pelo objeto, esse amor refugia-se na identificação narcísica, de modo que atua como ódio sobre esse objeto substituto (...) após ter-se refugiado na enfermidade para não ter de lhe mostrar abertamente sua hostilidade, o sujeito tortura seus entes queridos com sua doença, pois o estado mórbido dirige-se à pessoa que desencadeou o distúrbio nos sentimentos do doente, e esta normalmente se encontra no seu círculo mais próximo. (Freud, 1917/ 2006, p. 110)

Essa explicação freudiana esclarece que, depois que o melancólico se refugiou na própria doença, uma parte dessa hostilidade é dirigida às pessoas que fazem parte do círculo mais próximo do doente. Consideramos que esse mecanismo também está presente em alguns casos de anorexia. Ressaltamos, no entanto, que nos casos em que isso acontece há uma demanda direcionada a outra pessoa, aquela que supostamente desencadeou o distúrbio.

Cumpre relembrar uma característica destacada de alguns casos relatados ao longo desta pesquisa: a observação de que o anoréxico, mesmo passando por um longo período sem se alimentar e tendo perdido muito peso, não apresenta queixas de dor ou qualquer incômodo relacionado aos sintomas desse transtorno, como, por exemplo, o emagrecimento e a recusa em se alimentar. Quem se preocupa e sofre com tais sintomas (o emagrecimento excessivo, a recusa anoréxica etc.) é a família, que acaba procurando alguma forma de tratamento. Por outro lado, o anoréxico sofre com suas autocríticas e autopunições de toda ordem, sem nenhuma correspondência por parte do outro. Portanto, o que o incomoda não corresponde ao que preocupa o outro que se encontra próximo dele. Não há correspondência. Parece haver aí uma distorção, não só relativa à imagem corporal, mas no que diz respeito à relação (do anoréxico) com a realidade e com o outro.

Podemos observar, então, que sem demandar, mas por via da mostração, o que o anoréxico produz é a demanda no outro. Ele provoca horror no outro em virtude de sua magreza, enquanto apresenta uma passividade diante dos sintomas relacionados com seu transtorno. Ou seja, ele se posiciona de forma a constranger o outro a cuidá-lo, produzindo uma demanda no outro. O outro toma a função que, necessariamente, é de autoconservação — poderíamos dizer que o outro faz a *outro*conservação".

Considerações Finais

Eu sempre quis que vocês admirassem o meu jejum, disse o artista da fome. *Mas nós o admiramos*, respondeu o supervisor, cheio de boa vontade. *Mas vocês não deveriam admirá-lo*, disse o artista da fome. *Tudo bem, então nós não admiramos*, disse o supervisor, *mas por que não devemos admirá-lo? Porque o jejum é uma necessidade, eu não tenho como evitar*, disse o artista da fome. *Isso se vê logo, disse o supervisor, mas por que você não tem como evitar? Porque eu*, disse o artista da fome, levantou um pouco a cabecinha frágil e falou com os lábios arredondados, como se fosse dar um beijo, junto à orelha do supervisor, *porque eu nunca encontrei a comida que me agradasse. Se eu a tivesse encontrado, acredite, eu não teria feito nenhum alarde e teria comido até me empanturrar, como você e todo mundo.* Estas foram suas últimas palavras, mas no olhar embotado percebia-se a convicção firme, ainda que não mais orgulhosa, de prosseguir em jejum.

Tratem de limpar isso aqui, disse o supervisor, e o artista da fome foi enterrado com palha e tudo.

Franz Kafka

Neste ponto, passaremos à conclusão desta pesquisa, trajeto feito em forma de paralelo. Após a retomada esquemática de nosso percurso teórico e a título de esclarecimento e amarração dos pontos destacados, optamos por encerrar com alguns casos citados ao longo da dissertação, além de fragmentos clínicos extraídos da tese de doutorado de Musso Greco, um depoimento encontrado em um blog pró-anorexia, e, finalmente, dois textos literários: *O artista da fome*, de Franz Kafka, e "Minha fantasma", de Nuno Ramos.

Aproximações e distanciamentos

No percurso realizado ao longo deste trabalho, buscamos investigar a assertiva freudiana escrita no "Rascunho G", "A neurose nutricional paralela à melancolia é a anorexia" (Freud, 1895/ 1969). Iniciamos nossa trajetória pelo tema da anorexia, perscrutamos o significado etimológico, as características, a evolução histórico-conceitual dos registros e as denominações dadas a essa afecção, assim como a descrição do quadro clínico e a sua evolução.

Constatamos que as primeiras descrições da anorexia foram feitas na literatura teológica entre os séculos V e XVI, nos casos de jovens jejuadoras, reconhecidas posteriormente pela Igreja Católica como santas ("santas anoréxicas"), como é o caso das santas Vilgeforte, Liduína de Schiedam, Catarina de Siena e Maria Madalena de Pazzi. Naquela época, os sintomas da anorexia estavam vinculados ao discurso religioso, sendo explicados como milagres divinos ou possessão demoníaca.

A medicina começou a se interessar por esses quadros a partir do século XVII, e o que antes estava relacionado ao divino e ao profano passou a ser estudado pela ciência como um distúrbio orgânico.

Em 1694, o médico Richard Morton descreveu o caso de uma paciente anoréxica, e como ela não apresentava nenhuma causa orgânica capaz de provocar o quadro clínico apresentado, cogitou a influência de processos psíquicos e emotivos na origem da doença. Foi apenas na segunda metade do século XIX, mais precisamente com Charles Lasègue, que o diagnóstico de anorexia foi incluído no discurso médico como uma entidade clínica independente. Lasègue a denominou *anorexia histérica*. Em 1868, Gull passou a utilizar o termo *anorexia nervosa*, que foi recuperado pela psiquiatria e é utilizado atualmente no DSM IV-TR.[44]

Vimos, portanto, através dos relatos das "santas anoréxicas", que seu jejum autoimposto objetivava, inicialmente, afastar o olhar dos homens. No entanto, o que acontecia era que, curiosamente, continuavam praticando o jejum, mesmo depois de terem afastado o olhar desses homens e estando vinculadas a uma instituição religiosa que as proibia de ter relações afetivas com qualquer homem. Concluímos, portanto, que essa prática do jejum não estava limitada ao desejo de afastar o olhar dos homens, nem mesmo ao ideal de ascese mística.

Constatamos também que a anorexia se faz presente na sociedade contemporânea, na qual o ideal de beleza e saúde está vinculado à magreza. Sendo assim, os argumentos de que o jejum é feito com o intuito de "afastar" ou "atrair" o olhar dos homens, ou para atingir a um ideal de ascese ou de beleza, não é suficiente para compreender a afecção anoréxica.

Ao percorrermos as pistas deixadas por Freud acerca da anorexia, vimos que ele escreveu apenas um trabalho no qual a anorexia é abordada como ponto central. Nos demais textos, apenas cita ou faz menção aos sintomas relacionados à anorexia. Ao longo deste percurso, destacamos a assertiva do "Rascunho G", no qual Freud propõe um paralelo entre a anorexia e a melancolia.

---

44 *Manual diagnóstico e estatístico de transtornos mentais*, 4ª edição revisada, 2003.

Em 1917, no texto "Luto e melancolia", Freud voltou a relacionar a rejeição por alimentos à melancolia. Na época em que estava escrevendo esse artigo, pediu a apreciação de Abraham, que também estava às voltas com o tema da melancolia. Abraham chamou a atenção de Freud para a recusa em se alimentar que ocorre nos casos graves de melancolia, e também sugeriu que haveria uma relação entre a fase oral de desenvolvimento libidinal e a melancolia.

Por considerarmos que o conceito-chave para compreender a anorexia a partir da melancolia está na especificidade do mecanismo de identificação presente nesses casos, e por supormos que é possível encontrar um protótipo da identificação na fase oral do desenvolvimento libidinal, concluímos que era relevante investigar, a partir de Abraham, essa "fase de desenvolvimento".

Abraham afirma que o melancólico dirige ao objeto o desejo de incorporá-lo, ou seja, apresenta uma tendência a devorar e a destruir o objeto. Além disso, assim como Freud, nota que nos casos de melancolia estão presentes uma autoacusação e uma autocrítica que são resistentes a interferências. Vimos também que tanto Abraham como Freud afirmam que essa autocrítica provém do mecanismo de introjeção do objeto ao Eu.

Como tínhamos o objetivo de iluminar a clínica da anorexia a partir da melancolia, consideramos importante investigar, no percurso histórico da melancolia, algumas características que seriam também abordadas pela teoria psicanalítica. Esse percurso nos possibilitou perceber que a principal contribuição da psiquiatria clássica para o tema da melancolia foi perceber que esses casos apresentam, como característica, o mecanismo de autoacusação. Retomamos então as elaborações freudianas a respeito da melancolia e constatamos que essa característica também foi percebida e destacada por ele.

Descobrimos que o conceito que possibilitou a Freud retomar o tema da melancolia ao avançar em suas elaborações foi o conceito de narcisismo. A construção desse conceito fez do Eu (anteriormente deslibidinizado) uma instância passível de ser investida libidinalmente. E, mais do que isso, o Eu passou a ser o reservatório de onde são enviados os investimentos e para onde estes retornam, após o desinvestimento de algum objeto. A libido investida no Eu foi denominada por Freud "libido narcísica". Por outro lado, como vimos neste trabalho, o narcisismo é o processo que permitirá a constituição de um corpo e de processos identificatórios.

Vimos que a melancolia apresenta um mecanismo de identificação específico, mas constatamos também que este mecanismo não lhe é exclusivo, ou seja, ele acontece em outras afecções; e por isso consideramos que ele também aconteça em alguns casos de anorexia. Compreendemos, com Freud, que nos casos de melancolia a identificação é uma identificação narcísica. Consideramos, portanto, que o mecanismo-chave para compreender o paralelo entre a anorexia e a melancolia é o mecanismo de identificação narcísica. Enfim, pensamos que há, nos casos de anorexia, uma perturbação ao nível da identificação, sobretudo da identificação narcísica.

Ao investigarmos mais rigorosamente na obra freudiana a melancolia e o mecanismo de identificação presente nesses casos, destacamos, além da identificação ao objeto, mais alguns pontos de aproximação entre a melancolia e a anorexia, como a anestesia, a autodepreciação e o sadismo. Consideramos, no entanto, que o mecanismo de identificação ao objeto não é apenas um ponto comum entre essas duas afecções, mas também o mecanismo responsável pelo surgimento dos outros pontos. Isso significa que a anestesia, a depreciação do sentimento de si e o sadismo são efeitos da identificação ao objeto, e essa elaboração nos leva a modificar, neste momento de conclusão e como resultado de nossa pesquisa, a ordem desses pontos de aproximação, colocando-os da seguinte maneira:

1. A identificação ao objeto;
2. A anestesia;
3. A depreciação do sentimento de si, que se diferencia do Eu e se volta contra ele;
4. O sadismo, que se dá por uma via indireta de autopunição.

Sendo assim, teríamos, inicialmente, o processo de identificação narcísica. Conforme vimos ao longo deste livro, e de acordo com Freud (1917/ 2006), tal processo se configura da seguinte maneira: após a perda do objeto de amor, escolhido sob uma base narcísica, a libido investida nele é liberada. No entanto, em vez de ser redirecionada e investida em um novo objeto, a libido retorna para o próprio Eu, e produz-se aí uma identificação do Eu com o objeto abandonado. "Assim a sombra do objeto caiu sobre o Eu. A partir daí uma instância especial podia julgar esse Eu como se ele fosse um objeto, a saber: o objeto abandonado" (Freud, 1917/ 2006, p. 108). Há, portanto, nos casos em que esse mecanismo acontece, uma identificação do Eu com o objeto abandonado.

O retorno do objeto para dentro, através da identificação, produz uma divisão no Eu, que é cindido em duas partes: uma parte introjeta o objeto e se identifica com ele, enquanto a outra passa a julgá-lo criticamente e a agir com severidade e crueldade em relação à primeira. Dessa forma, "a perda do objeto transformou-se em uma perda de aspectos do Eu, e o conflito entre o Eu e a pessoa amada transformou-se num conflito entre a crítica ao Eu e o Eu modificado pela identificação" (Freud, 1917/ 2006, p. 108). Consideramos, portanto, que esse mecanismo também está presente em alguns casos de anorexia e foi isso que possibilitou os seguintes pontos de aproximação entre a melancolia e a anorexia: a anestesia, a autodepreciação e o sadismo.

Da anestesia

Relembremos que a anestesia sexual foi notada por Freud nos casos de melancolia desde os Rascunhos B, E e G. Ele esclarece que essa característica (a anestesia) pode acontecer em outras afecções, e esta afirmação nos deu respaldo para considerá-la também presente em alguns casos de anorexia. No entanto, como veremos a seguir, a riqueza da clínica nos levou a considerar que haveria, nos casos de anorexia, um alargamento da anestesia sexual no que diz respeito a uma tentativa de apagamento dos caracteres sexuais secundários, assim como a recusa em se alimentar. Valemo-nos, então, da aproximação entre a anestesia e a noção de inibição, partindo dos casos supracitados.

Com Winberg e Cordás (2006), acompanhamos o relato de algumas santas da Idade Média que foram consideradas anoréxicas por praticarem jejuns autoimpostos, com o objetivo de alcançar um ideal de ascese e comunhão com Deus; recusavam também o alimento com o intuito de conservarem a virgindade, tentando apagar do corpo as marcas da feminilidade. Como exemplo disso, vimos o caso da Santa Vilgeforte, filha do rei de Portugal e prometida em casamento para o rei da Sicília. Quando ficou sabendo dessa promessa, ficou apavorada e, para não ter de se casar, jejuou até perder os traços femininos. Outro exemplo é o de Liduína de Schiedam, que, ao perceber a atração despertada por ela nos rapazes da cidade, começou a pedir a Deus uma doença que a tornasse disforme a ponto de afastar todos os pretendentes. Passou a jejuar e, nos últimos anos de sua vida, alimentava-se apenas com pequenos pedaços de maçã.

Vimos ainda outros casos que apresentavam essa característica, como o relato da jovem Miss Duke, descrito por Richard Morton em 1694. Duke teve o ciclo menstrual interrompido, perdeu o apetite, sua pele ficou flácida e pálida. Mesmo com toda a precariedade orgânica, Miss Duke recusou-se a dar prosseguimento ao tratamento e veio a falecer. Outro relato apresentando essa característica foi feito pelo médico Robert William, em 1790, quando descreveu uma paciente que apresentava perda de apetite, amenorreia e redução de peso. Além disso, temos a contribuição elaborada por Gull (1868), que descreveu alguns casos de inanição prolongada, extremo emagrecimento, perda do apetite, amenorreia e constipação.

Constatamos que essa característica também é percebida atualmente, sendo reportada corriqueiramente na clínica:

> Era magrinha e baixinha quando menina, de repente, na adolescência: "nossa! Você encorpou, olha as pernas!"; foi tudo muito de uma hora para a outra, tudo junto: a falta do pai, meu corpo mudando, menstruação, eu virando mulher, ficar, rapazes. Recentemente assistiu o filme sobre Joana D'Arc: "ela lutou contra a puberdade". Tem comprado suas roupas em loja de criança, e aprecia isso, "roupas de meninas de 12 anos"; "também acho bom não menstruar". (NIAB 3 *apud* Greco, 2010, p. 175)

(...) na 5ª série começou a transformação, transformação do meu corpo de menina: seios crescendo (...) e aí começou a preocupação, preocupação de que estava gorda. Mas a preocupação estava só começando! Na 6ª série a preocupação aumentou e a transformação diminuiu, porque o seio murchou, a transformação parou. Transformação do meu corpo de menina para corpo de mulher. Antes de eu começar a perder peso, minha irmã me arrumou para irmos a uma festa. Todos os meninos chegavam em mim. Fiquei com um menino e minha irmã [a quem admira muito, por ser magra, bonita e resolvida] nos via. Como não parávamos de beijar, minha irmã gritou comigo: "Para, Maria!"... E eu parei! Fico pensando sobre o porquê. Por que não posso comer, por que não posso mudar... Penso na transformação [do corpo de menina para mulher]... sinto que estou parada. Fico só pensando nisso... Aquele "para!" da minha irmã me parou. Agora está tudo parado... meu corpo, minha vida... não pensei em seguir em frente! (NIAB 8 *apud* Greco, 2010, p. 193)

Encontramos ainda contribuições na literatura, como o texto de Nuno Ramos, intitulado "Minha fantasma (um diário)", e o conto de Franz Kafka, "O artista da fome". O primeiro é o diário da convivência de Nuno Ramos com sua esposa, Sandra Antunes Ramos, que sofria de depressão e anorexia. Ramos se dedica à esposa e tenta salvá-la de um quadro muito grave, mas ela permanece mergulhada em seu silêncio e magreza. Relata que a esposa "Controla tudo o que entra nela, fechando seu corpo ao apetite. Sua boca, profilática, não saliva diante de um bom bife. E se nós insistimos ela vomita. E se ela vomita, bem, então é melhor acarinhá-la e começar tudo novamente" (Ramos, 2007, p. 370).

No conto de Franz Kafka, "O artista da fome", o

protagonista é um artista que fica exposto ao olhar dos espectadores que observam seu jejum por quarenta dias. No início do texto, somos levados a pensar que o jejum é feito como um espetáculo para atrair o olhar das pessoas, e que ele precisava se esforçar para manter o jejum. Mas, no decorrer do conto, percebemos que ele recusa o alimento mesmo nos momentos em que pode se alimentar: "Ele também estava exausto, acomodado na palha, mas tinha de se pôr em pé e ir em direção à comida, que já em pensamento suscitava-lhe náuseas cuja manifestação continha a muito custo, apenas em respeito às damas" (Kafka, 1922/ 2010, p. 36). Para o artista da fome, o jejum não era um "sacrifício": "Só ele, e nenhum outro iniciado, sabia o quão fácil era jejuar. Era a coisa mais fácil do mundo" (Kafka, 1922/ 2010, p. 34). Ele justifica a inapetência dizendo que nunca encontrou um alimento que o agradasse:

> *Porque eu*, disse o artista da fome, levantou um pouco a cabecinha frágil e falou com os lábios arredondados, como se fosse dar um beijo, junto à orelha do supervisor, *porque eu nunca encontrei a comida que me agradasse. Se eu a tivesse encontrado, acredite, eu não teria feito nenhum alarde e teria comido até me empanturrar, como você e todo mundo.* Estas foram suas últimas palavras, mas no olhar embotado percebia-se a convicção firme, ainda que não mais orgulhosa, de prosseguir em jejum. (Kafka, 1922/ 2010, p. 45)

Esses relatos e narrativas nos levam a constatar que há, na anorexia, uma inapetência que estaria referenciada tanto à vertente alimentar quanto à vertente sexual. Isso pode ser constatado nos casos que apresentam uma recusa em se alimentar, assim como uma tentativa de apagar as marcas da feminilidade do próprio corpo, mantendo o corpo infantilizado.

Sendo assim, consideramos que tanto a recusa em se alimentar como a tentativa de manter o corpo infantilizado podem ser compreendidas a partir do conceito de inibição elaborado por Freud (1926[1925]/ 1969), podendo acontecer tanto de maneira restrita, relacionada a uma função, quanto de forma generalizada:

1. Quando a inibição é expressão de *uma restrição de alguma função* do Eu há uma erotogeneidade dessa função específica como, por exemplo, a função alimentar ou sexual. No entanto, Freud esclarece que essa inibição pode se manifestar através de uma inapetência ou de uma intensificação do apetite: "A função de um órgão fica prejudicada se a sua erotogeneidade — sua significação sexual — for aumentada" (Freud, 1926[1925]/ 1969, p. 110). Há, portanto, uma inibição que produz um excesso de investimento, uma erotogeneidade de uma função específica, como a função sexual ou alimentar. Pensamos que esse mecanismo está presente em alguns casos de anorexia nos quais o ato de se alimentar ganha uma significação sexual, produzindo uma hipertrofia da função sexual propriamente dita. O anoréxico deixa de comer porque o comer ganha uma significação sexual, levando a uma hipertrofia da sexualidade secundária. É por isso que alguns anoréxicos podem prescindir, e até mesmo recusar a sexualidade propriamente dita. O investimento na sexualidade genital não acontece, porque o narcisismo está "embriagado" de sexualidade.

2. Quando a inibição é *generalizada*, há pouca

energia disponível para investimento. Essa escassez de energia disponível é decorrente de uma supressão do afeto, que produz uma redução significativa da energia disponível e, consequentemente, a produção de uma inibição generalizada. Consideramos que os casos mais graves de anorexia apresentam esse tipo de inibição, já que podem levar à morte. Nesses casos, a função sexual e a função alimentar, assim como outras funções, estão inibidas concomitantemente. Freud exemplifica essa forma de inibição, que considera mais grave, com os quadros de depressão e melancolia, chegando a afirmar que nos casos de melancolia há uma *ruptura* de investimento nos objetos.

Ao relacionarmos essas formas de inibição com o mecanismo de identificação narcísica, concluímos que, ao retornar para o próprio Eu, a libido é "mal administrada"; em alguns casos, há um excesso de investimento no Eu e uma escassez de investimento nos objetos, enquanto em outros há pouca energia disponível, e esta é toda direcionada para o Eu. Há, portanto, um problema econômico, que pode se manifestar através da inibição de uma função específica ou de uma inibição generalizada.

A diversidade clínica dos casos de anorexia nos permite afirmar que teríamos, nessa afecção, tanto casos que apresentam inibição de uma função específica, quanto casos em que há uma inibição generalizada, que afetaria várias funções ao mesmo tempo. Como Freud considerou que os casos de melancolia apresentam as inibições mais generalizadas (e uma ruptura com o objeto investido), consideramos que alguns casos de anorexia se *aproximam* da melancolia, já que apresentam o mesmo tipo de inibição, enquanto outros se *distanciam*, por apresentarem inibição de uma função específica.

Da autodepreciação

Outro ponto de aproximação entre melancolia e anorexia destacado neste trabalho foi a autodepreciação. Constatamos que essa característica pode ser notada nos insultos, punições, críticas e depreciações que os melancólicos e anoréxicos produzem contra si mesmos.

Ao retomarmos os casos de algumas santas anoréxicas descritas ao longo da história, encontramos alguns exemplos, como o caso de Maria Madalena de Pazzi, que, como forma de punir-se por ter comido, dormia poucas horas, ficava nua sobre troncos de madeira no chão e tomava banho gelado durante o inverno. Outro exemplo é o relato sobre Santa Catarina de Siena que, após perder a sua irmã, diminuiu o tempo de sono, passou a se alimentar apenas de pão e ervas cruas e usava cilício e correntes de ferro para flagelar seu corpo. Seu estado de saúde se agravou a tal ponto que gerou um estado psicológico de experiências místicas e vigília constante. Há, ainda, o caso de Santa Rosa de Lima, que, além de jejuar, usava uma coroa de espinhos de metal escondida sob uma fileira de rosas, assim como uma cinta de ferro na cintura. Quando já não aguentava ficar em pé, descansava em uma cama que ela mesma construíra com vidro picado, pedras e espinhos.

Alguns casos descritos por Greco (2010) também respaldam essa característica:

> mesmo quando era magra eu já tinha complexo de inferioridade... ahh, praia então deus me livre moro no RJ aqui todas as meninas usam shortinhos curtos e roupinhas provocantes na praia tem sempre uma oferecida

com micro biquine (*sic*), pra mim não dá pra ser feliz sem que eu emagreça 10 kilos e perca toda essa celulite. (Talitana, *apud* Greco, 2010, p. 73)

sim!! Naum da vontade de sair de casa, eu me sinto o pior dos seres!!! isso reflete até na minha capacidade, eu odeio tanto meu corpo me acho tão inferior que naum consigo me candidatar a qualquer emprego por puro medo de me ridicularizarem por nunca terem visto alguém pior que eu !!!!!!! (Lucy, *apud* Greco, 2010, p. 73)

O espelho mostra *a minha consciência, que tem dois lados ... um lado bom que fala para eu comer e outro lado ruim que me enche de culpa que um dia vou ficar gorda ...* (NIAB 11, *apud* Greco, 2010, p. 174)

Isso também pode ser constatado em alguns blogs,[45] nos quais encontramos relatos de adolescentes que apresentam severas críticas a si próprias:

Eu quero morrer... só isso que tenho a dizer. Não to bem (*sic*). Não to com saco d falar nada. Só estou mto deprimida (*sic*). Preciso emagrecer. Preciso emagrecer. Preciso emagrecer. PRECISO ME LIVRAR DESSAS BANHAS NOJENTAS QUE ME FAZEREM SER UM SER INFERIOR. q odiooooooooooooo (*sic*).[46]

Também no conto "O artista da fome" encontramos mais um exemplo dessa característica. O narrador relata que o artista da fome está insatisfeito consigo mesmo:

---

45 http://sick_life.zip.net/
http://legallyisamia.blogspot.com/?zx=46b0f410e6128279
http://anneaisha.blogspot.com/2010/09/um-bom-filho-casa-volta.html
46 http://sick_life.zip.net/arch2007-01-14_2007-01-20.html.

Mas por algum motivo ele não estava satisfeito jamais; talvez não fosse o jejum a causa de uma magreza tal que muitas pessoas, espantadas, viam-se obrigadas a evitar a apresentação porque não aguentavam vê-lo, mas a tal magreza era causada apenas pela insatisfação consigo próprio. (Kafka, 1922/ 2010, p. 34)

Através do jejum, o artista da fome definhava, em uma tentativa de reduzir-se a nada:

A essa altura o artista da fome aguentava qualquer coisa; a cabeça pendia-lhe sobre o peito, como se houvesse rolado até lá e permanecido sem nenhuma explicação naquela postura; o corpo esvaziava-se; as pernas, graças ao instinto de preservação, comprimiam-se na altura dos joelhos, mas ainda assim esgravatavam o chão, como se não fosse real, como se estivessem à procura do chão real; e todo o fardo de seu corpo, ainda que de leve, apoiava-se em uma única dama, que, buscando ajuda, com a respiração ofegante. (Kafka, 1922/ 2010, p. 37)

Para compreendermos os insultos, punições, críticas e depreciações que os anoréxicos produzem contra si mesmos, retomamos o mecanismo de identificação narcísica, no qual se opera uma cisão do Eu, uma parte dele se identificando ao objeto e a outra se colocando contra esta, julgando-a criticamente e agindo com crueldade e severidade *contra ela*. Freud esclarece ainda:

Uma vez tendo de abdicar do objeto, mas não podendo renunciar ao amor pelo objeto, esse amor refugia-se na identificação narcísica, de modo que atua como ódio sobre esse objeto substituto, insultando-o, rebaixando-o,

fazendo-o sofrer e obtendo desse sofrimento alguma satisfação sádica. (Freud, 1917/ 2006, p. 110)

Investigamos essa característica a partir do par sadis-
mo/ masoquismo e vimos que, ao longo de sua obra, Freud
não abandonou a ideia de uma estreita relação entre eles.
Inicialmente, propôs que o masoquismo seria derivado do
sadismo, um sadismo que se voltou contra o próprio Eu. No
entanto, vimos que a elaboração do conceito de narcisismo produziu algumas modificações na teoria a respeito do
masoquismo, que podem ser percebidas, inclusive, no texto de 1924, "O problema econômico do masoquismo", no
qual Freud tece importantes contribuições sobre esse tema
quando distingue três formas de masoquismo: masoquismo erógeno, masoquismo feminino e masoquismo moral.

Interessa-nos destacar aqui o *masoquismo moral*.
Após nossa investigação, concluímos que este seria o masoquismo presente nos casos de anorexia, porque ele diz
respeito à relação entre o Eu e o Supereu, incluindo os ataques que este último produz contra o primeiro. O Supereu conserva algumas características, como a severidade,
a tendência a exercer o controle e punir, caracterizando-
-o como uma instância extremamente dura, severa com o
Eu: "O Supra-Eu — a consciência moral ativa dentro dele
— pode então tornar-se duro, cruel e inclemente contra o
próprio Eu pelo qual ele zela" (Freud, 1924/ 2007, p. 112).

Freud nos mostrou que o redirecionamento do sadismo contra a própria pessoa, e a pulsão de destruição
que foi introjetada, passam a se manifestar no Eu como
uma amplificação do masoquismo: "Na verdade, o sadismo do Supra-Eu e o masoquismo do Eu completam-se
mutuamente e unem-se na promoção dos mesmos resultados" (Freud, 1924/ 2007, p. 115).

Vimos, a partir do estudo acerca da melancolia, nos casos em que o Eu está tão identificado ao objeto que é capaz de tratar a si mesmo como sendo o objeto, dirigindo contra si a hostilidade que deveria estar direcionada ao objeto perdido, que este Eu chega a se matar.

A partir dessas elaborações, Freud consegue compreender o despudoramento das autodepreciações presentes nos casos de melancolia, e conclui que isso se dá porque tanto a autocrítica como as autoacusações e a autodepreciação do melancólico não se referem a ele mesmo, mas a outra pessoa, ou seja, ao objeto perdido. Essa característica também se apresenta em alguns casos de anorexia, sendo decorrente deste mesmo mecanismo.

Vimos que o Eu é capaz de tratar a si mesmo, no processo de identificação, como o objeto perdido, direcionando toda a hostilidade (que deveria ser direcionada contra o objeto) para si próprio — o Eu identificado ao objeto. Esta elaboração permitiu a Freud (1917/ 2006) compreender a tendência ao suicídio presente em alguns casos de melancolia, e também nos permite compreender o que acontece em alguns casos de anorexia, inclusive naqueles que podem levar à morte por inanição.

Concluímos que esses casos apresentam um Supereu "feroz", que se volta contra o próprio Eu: em vez de insultar o objeto por meio da identificação, insultar-se; em vez de rebaixá-lo, rebaixar-se; em vez de fazê-lo sofrer, fazer-se sofrer, obtendo, assim, alguma satisfação sádica.

Freud percebeu ainda que não há nos casos de melancolia uma correspondência entre o nível de autodegradação e a realidade. Observamos essa mesma discrepância em alguns casos de anorexia. Nesses casos, não há uma correspondência entre o Eu e o corpo do sujeito, assim como entre o Eu e a realidade.

Do sadismo, via indireta de autopunição

O último ponto de aproximação que destacamos entre a melancolia e a anorexia se dá por uma via indireta de autopunição: o sadismo, característica percebida por Freud a partir dos casos de melancolia, na qual o estado mórbido do melancólico é dirigido à pessoa que desencadeou o distúrbio.

> (...) após ter-se refugiado na enfermidade para não ter de lhe mostrar abertamente sua hostilidade, o sujeito tortura seus entes queridos com sua doença, pois *o estado mórbido dirige-se à pessoa que desencadeou o distúrbio nos sentimentos do doente, e esta normalmente se encontra no seu círculo mais próximo* (grifamos). Dessa forma, o investimento erótico no objeto do melancólico tem um duplo destino: em parte ele regrediu à identificação, em parte, porém, foi remetido — sob a influência do conflito de ambivalência — ao sadismo, que é o estágio de desenvolvimento mais próximo do conflito de ambivalência. (Freud, 1917/ 2006, p. 110)

Nessa elaboração, Freud (1917/ 2006) deixa claro que o investimento direcionado ao objeto tem um duplo destino: uma parte se identificou ao objeto e a outra foi remetida ao sadismo. Essa construção freudiana nos permite afirmar que, depois de se refugiar na própria doença, o melancólico "vela" sua hostilidade. Já que não a mostra abertamente, e a dirige às pessoas que fazem parte do círculo mais próximo, torturando-as com sua doença.

Consideramos que esse mecanismo também está presente em alguns casos de anorexia, nos quais há uma demanda direcionada à pessoa que, supostamente, desencadeou o distúrbio. Quem se preocupa e sofre com o emagrecimento excessivo, com a recusa em se alimentar e com os demais sintomas relacionados à anorexia é a família, que acaba procurando uma forma de tratamento. Observamos que, muitas vezes, os sintomas que incomodam aos familiares e às pessoas mais próximas, como o emagrecimento e a recusa em se alimentar, não incomodam ao anoréxico. Por outro lado, constatamos também que as críticas, as depreciações, os insultos e as punições que o anoréxico produz contra si mesmo não correspondem ao modo como familiares e pessoas mais próximas o percebem.

Comprovamos essa característica nos relatos das "santas anoréxicas", em que as Madres Superioras ficavam incomodadas com os jejuns e acabavam por forçá-las a se alimentar, como no caso de Maria Madalena de Pazzi, que passou a se alimentar apenas de pão e ervas. Uma vez obrigada a se alimentar, ela induzia vômitos.

Encontramos também algumas contribuições na literatura, como no texto "Minha Fantasma [um diário]", no qual Nuno Ramos sofre amorosamente com o silêncio e a magreza de sua esposa, mergulhada mortiferamente no espelho opaco, em uma certa distorção especular de sua doença. "Ela está morrendo como um espelho, um azulejo", ele diz.

> Eu sei como a sua carne pede que a protejam, ao mesmo tempo que a deixem sozinha, e a minha carne ainda quer a sua, quer ainda mais por isso, a minha carne sozinha. Tenho os olhos sobre ela para afastá-los de mim — eu, o pobre gordo dos meus deveres da minha ambição e saudade. Ela está morrendo como um espelho, um azulejo — não pode se ver por estar tão fraca, então reflete. A sua voz, mais grave e gaga, diz o que nós queremos que diga. Seria tão fácil se aproveitar dela (...). Por isso achei melhor deixá-la no quarto trancada, e não

apenas eu: nós todos a estamos vigiando em turnos alternados. (Ramos, 2007, p. 368)

É importante ressaltar aqui o modo como a anorexia acaba por mobilizar o(s) outro(s). Na sequência do texto, Ramos diz que, em virtude de seu medo de que a esposa morra, insiste em verificar se a morte ainda não venceu; por outro lado, teme ouvir da esposa, em meio ao sono induzido pela medicação, palavras que remetam a outro, ou a outra vida que não a vivida com ele:

Se ela murmura em meio ao sono — e ela dorme o tempo todo por causa dos remédios — é como se dissesse uma verdade escondida, que não se pode negar. Mas é sempre verdade, e não apenas quando dorme: talvez ela esteja morrendo. Eu ponho o meu ouvido perto do seu hálito, com medo. Não quero ouvir uma queixa, não quero ouvir outro nome. Não quero que se lembre do que não viveu comigo. (Ramos, 2007, p. 368)

Na narrativa impactante de Ramos, uma afirmativa contundente impressiona: "Amar na doença é quase querer que a doença continue". Diante dessa assertiva, não há como não se perguntar se ele também se alimenta da anorexia. A anorexia, afinal, traz "bem claro o sentido de um dia":

Desço até a cozinha para separar seus remédios. É para isso que sirvo agora. Nem sempre é possível ter bem claro o sentido de um dia. O meu agora tem: dar remédios, forçá-la a comer embora ela não queira. Controla tudo o que entra nela, fechando seu corpo ao apetite. Sua boca, profilática, não saliva diante de um bom bife. E se nós insistimos ela vomita. E se vomita, bem, então é melhor acarinhá-la e começar tudo novamente. É um amor imenso e cansativo, que deve dizer bem alto: Eu quero você mesmo assim. Ou algo ainda antes disso, já que ela é a mesma pessoa, apenas confusa, como quem circula pela casa sem encontrar a porta do próprio quarto. Eu desejo os seus ossos porque lembro da carne que havia neles. Lembro do desenho em 8 das ancas antigas. Lembro da flacidez da bunda. Ela se mexe quando eu penetro, o vai e vem de antes. Eu sou a fonte da vida quando ela geme. Amar na doença é quase querer que a doença continue. (Ramos, 2007, p. 368)

E continua: é necessário forçá-la a comer, embora ela não queira... e começar tudo novamente. Esse trecho nos remete ao lugar de *outroconservação*, abordado ao final do terceiro capítulo desta pesquisa. Ramos nos aponta ainda a relação existente entre a imagem da "santa" e da "anoréxica": o aniquilamento. Ela "está plena na magreza, definha como uma santa, os ecos da madrugada conseguem entrar no meu quarto e perguntam. Estão em silêncio, depois perguntam: o que você fez por ela? Eu fiz o que podia. Quanto é isso? Fiz tudo o que podia" (Ramos, 2007, p. 369).

Não resta dúvida de que Ramos sofre com a melancolia e a anorexia da esposa, mesmo que reconheçamos aí uma "inclusão" sintomática. Uma parceria? Devemos lembrar que o diário foi escrito por ele e, portanto, relata sua visão em relação ao estado da esposa. Sendo assim, não temos como saber como a própria Sandra percebia sua doença, como se sentia. Também não sabemos se ele era importante para ela, não sabemos se há, de fato, um sadismo por via indireta, partindo de Sandra em direção a Ramos. Portanto, indagamos: teria ele sido incluído na economia psíquica de Sandra? Haveria um posicionamento de Sandra em relação a ele?

Temos, ainda, outra contribuição da literatura na

qual que podemos pensar essas características. No conto "O artista da fome", depois de ter cumprido quarenta dias de jejum, o protagonista é conduzido até uma mesa de alimentos. No entanto, diferentemente do que é esperado pelo leitor, ele não se interessa por nenhum dos alimentos oferecidos, ao contrário, chega a sentir náuseas ao olhar para a comida. Quem se preocupa com o estado de debilidade física do artista da fome é seu empresário, que acaba se aproveitando de um momento de cochilo do artista para fazer com que ele se alimente um pouco:

> Então vinha a refeição, da qual o empresário fazia o artista da fome engolir um pouco durante um cochilo motivado pela fraqueza, acompanhado por uma alegre conversa, que servia para desviar o foco da condição em que o artista se encontrava; logo se fazia um brinde ao público, supostamente sussurrando ao empresário pelo artista da fome; a orquestra fazia soar uma grande clarinada, as pessoas se afastavam e ninguém tinha o direito de se sentir insatisfeito com o espetáculo, ninguém, só o artista da fome, como sempre. (Kafka, 1922/ 2010, p. 38)

No decorrer do conto, fica claro que o jejum praticado pelo artista da fome não visava atrair o olhar dos espectadores. Tampouco tinha o intuito de cumprir um prazo de quarenta dias de jejum, já que continuava a jejuar mesmo depois de terminado o espetáculo. Não era o tempo, o olhar das pessoas e, portanto, o espetáculo que fazia com que o artista jejuasse. No final do conto, ele explica o motivo do seu jejum:

> *Eu sempre quis que vocês admirassem o meu jejum*, disse o artista da fome. *Mas nós o admiramos*, respondeu o supervisor, cheio de boa vontade. *Mas vocês não deve-*

riam admirá-lo, disse o artista da fome. *Tudo bem, então nós não admiramos, disse o supervisor, mas por que não devemos admirá-lo? Porque o jejum é uma necessidade, eu não tenho como evitar*, disse o artista da fome. *Isso se vê logo, disse o supervisor, mas por que você não tem como evitar? Porque eu*, disse o artista da fome, levantou um pouco a cabecinha frágil e falou com os lábios arredondados, como se fosse dar um beijo, junto à orelha do supervisor, *porque eu nunca encontrei a comida que me agradasse. Se eu a tivesse encontrado, acredite, eu não teria feito nenhum alarde e teria comido até me empanturrar, como você e todo mundo.* Estas foram suas últimas palavras, mas no olhar embotado percebia-se a convicção firme, ainda que não mais orgulhosa, de prosseguir em jejum.

Tratem de limpar isso aqui, disse o supervisor, e o artista da fome foi enterrado com palha e tudo. (Kafka, 1922/ 2010, p. 45)

A diversidade clínica dos casos de anorexia nos permite pensar que teríamos, nessa afecção, tanto casos que apresentam uma via indireta de autopunição quanto outros em que essa via não se apresenta. Consideramos, portanto, que nos casos em que essa via indireta existe, as outras pessoas são incluídas na economia psíquica, ocorre um direcionamento de uma demanda a outras pessoas. Já nos casos em que o sadismo por via indireta não acontece, não há demanda ou direcionamento, ou seja, há uma exacerbação do narcisismo que pode fazer o anoréxico se refugiar na própria doença, não se importando com os demais.

Os casos mais graves de anorexia seriam aqueles em que não há uma via indireta de autopunição, ou seja, o outro não é incluído na economia psíquica do sujeito. Haveria nesses casos uma ruptura com o objeto, ficando o sujeito imerso em seu narcisismo: não necessita e não se importa com o outro. Supomos que esses casos apresentam um investimento narcísico maciço, capaz de levar à morte. Há um investimento exacerbado no próprio Eu por meio da crença inabalável de que irá reencontrar o objeto perdido, objeto da satisfação plena. Esse processo, entretanto, pode levar o sujeito à morte por inanição.

Como exemplo desses casos graves, vimos o relato de Santa Catarina de Siena, uma das "santas anoréxicas" que teve um quadro de restrição alimentar cada vez mais grave, chegando a falecer por desnutrição. Na literatura, encontramos o exemplo do artista da fome, que veio a falecer em virtude de seu infindável jejum.

Ainda no que se refere ao conto de Kafka, introduzimos ao longo deste livro algumas epígrafes dessa narrativa escrita em 1922, seguindo a mesma ordem em que aparecem no texto original. Fizemos isso com a intenção de propor um paralelo entre o conto e este estudo: no início do conto, somos levados a pensar que o artista da fome jejua para um público, para os espectadores que vão até a jaula apreciar o espetáculo da fome, assim como nos casos de anorexia em que, supostamente, em um primeiro momento, se jejuava para "afastar" ou "atrair" o olhar dos homens, ou para atingir um ideal de ascese ou de beleza.

Ao caminharmos em nossa pesquisa percebemos que essa compreensão é insuficiente, já que o artista da fome, por exemplo, continua jejuando mesmo depois de terminado o espetáculo, mesmo sem o olhar dos espectadores, mesmo quando pararam de contar os dias e as horas em que ele objetivara ficar sem comer. Não era o tempo nem o olhar das pessoas, ou seja, o espetáculo, o que mantinha o seu jejum.

Ao final do conto, o artista da fome se justifica: jejuava porque nunca havia encontrado um alimento que o agradasse. Em certa medida, podemos dizer que o mesmo pode ser constatado no relato das "santas anoréxicas": permaneciam jejuando, mesmo depois de se vincularem a uma instituição religiosa cujo estatuto prevê a castidade.

À medida que prosseguimos em nossa pesquisa, pudemos avançar na lógica da busca anoréxica, ultrapassando a ideia de uma resposta ao olhar sexuado para incluir os mecanismos primários de sua economia psíquica.

Tal travessia utilizou como método o paralelo entre a anorexia e a melancolia pautado pela assertiva freudiana, com o objetivo de iluminar a clínica da anorexia a partir do estudo da melancolia. Contudo, em decorrência da diversidade clínica dos casos de anorexia, podemos supor que esse quadro não é patognomônico de uma estrutura psíquica, ou seja, pode se apresentar em qualquer uma delas.

Em virtude do limite desta pesquisa e através de um recorte metodológico, tomamos o cuidado de não adentrar questões que tangem as estruturas psíquicas. Mas agora, no instante de concluir, talvez seja possível ampliar tal limite propondo uma nova questão: seria possível, tendo como referência os pontos de aproximação entre a anorexia e a melancolia e, ao mesmo tempo, levando em consideração os pontos de distanciamento entre as duas afecções, pensar em uma melancolização das estruturas psíquicas?

Referências Bibliográficas[47]

Abraham, K. (1970). O primeiro estágio pré-genital da libido. In K. Abraham, *Teoria Psicanalítica da Libido*: *sobre o caráter e o desenvolvimento da libido* (Trad. C. M. Oiticica). (51-80). Rio de Janeiro: Imago. (Trabalho original publicado em 1916).

Abraham, K. (1970). Breve estudo do desenvolvimento da libido, visto à luz das perturbações mentais. In K. Abraham, *Teoria Psicanalítica da Libido*: *sobre o caráter e o desenvolvimento da libido* (Trad. C. M. Oiticica). (81-160). Rio de Janeiro: Imago. (Trabalho original publicado em 1924).

American Psychiatric Association (2003). DSM-IV-TR: *Manual Diagnóstico Estatístico de Transtornos Mentais*. (Trad. C. Dornelles) (4. Ed. rev.). Porto Alegre: Artmed.

Andrade, C. D. (2009). As contradições o corpo. *Nova reunião: 23 livros de poesia*. Rio de Janeiro: Best Bolso

---

47 De acordo com o estilo APA — American Psychological Association.

Aristóteles (1998). O problema XXX, 1. In Aristóteles, O *homem de gênio e a melancolia: O problema XXX,1* (Trad. A. Bueno). (79-105). Rio de Janeiro: Lacerda Editores.

Assumpção, I. & Leminsky, P. (2005). Dor elegante [gravado por Zelia Duncan]. "Pré pós tudo bossa band". [CD]. Rio de Janeiro: Gravadora Universal. (Gravação original 1998).

Bell, R. M. (1985). *Holy anorexia*. Chicago: The University of Chicago Press.

Bidaud, E. (1998). *Anorexia mental, ascese, mística: uma abordagem psicanalítica*. Rio de Janeiro: Companhia de Freud.

Breuer, J. & Freud, S. (1969). Casos clínicos. *Edição Obras completas de Sigmund Freud* (Trad, J. Salomão). (Vol. II, 55-190). Rio de Janeiro: Imago. (Trabalho original publicado em 1892-93).

Breuer, J. & Freud, S. (1969). Considerações teóricas. *Edição Obras completas de Sigmund Freud* (Trad. J. Salomão). (Vol. II, 191-250). Rio de Janeiro: Imago. (Trabalho original publicado em 1893).

Busse, S. & Silva, B. L. S. (2004). Transtornos Alimentares. In S. Busse (org.), *Anorexia, bulimia e obesidade*. (31-110). São Paulo: Manole.

Cordás, T. A. (1993). Quando o medo de ficar gordo vira doença: anorexia e bulimia. In T. A. Cordàs (Org.), *Fome de cão: quando o medo de ficar gordo vira doença: anorexia, bulimia e obesidade*. (17-28). São Paulo: Maltese.

Cotard, J. (2002). Do delírio das negações. (Trad. G. Pamplona). (47-58). In (A. Quinet. (Org.). *Extravios do desejo: depressão e melancolia*. Rio de Janeiro: Marca d'Água. (Trabalho original publicado em 1882).

Djavan (1998). Eu te devoro. In "Bicho solto XIII". [CD]. Rio de Janeiro: Sony Music.

Fernandes. M. H. (2006). *Transtornos alimentares: anorexia e bulimia*. São Paulo: Casa do Psicólogo.

Foucault, M. (1998). *O nascimento da clínica*. (Trad. R. Machado). Rio de Janeiro: Forense Universitária. (Trabalho original publicado em 1980).

Freud, S. (1969). Um caso de cura pelo hipnotismo. *Edição Obras completas de Sigmund Freud*. (Trad. J. Salomão). (Vol. I, 177-194). Rio de Janeiro: Imago. (Trabalho original publicado em 1892[1893]).

Freud, S. (1969). Rascunho B. A etiologia das neuroses. *Edição Obras completas de Sigmund Freud*. (Trad. J. Salomão). (Vol. I, 255-262). Rio de Janeiro: Imago. (Trabalho original publicado em 1893).

Freud, S. (1969). Sobre os fundamentos para destacar da neurastenia uma síndrome específica denominada "neurose de angústia". *Edição Obras completas de Sigmund Freud*. (Trad. J. Salomão). (Vol. III, 89-116). Rio de Janeiro: Imago. (Trabalho original publicado em 1893).

Freud, S. (1969). Sobre o mecanismo psíquico dos fenômenos histéricos: comunicação preliminar. *Edição Obras completas de Sigmund Freud*. (Trad. J. Salomão). (Vol. III, 33-50). Rio de Janeiro: Imago. (Trabalho original publicado em 1893).

Freud, S. (1969). Rascunho E. Como se origina a angústia.

Edição Obras completas de Sigmund Freud. (Trad. J. Salomão). (Vol. I, 269-276). Rio de Janeiro: Imago. (Trabalho original publicado em 1894).

Freud, S. (1969). Projeto para uma psicologia científica. *Edição Obras completas de Sigmund Freud*. (Trad. J. Salomão). (Vol. I, 387-402). Rio de Janeiro: Imago. (Trabalho original publicado em 1895).

Freud, S. (1969). Rascunho G. Melancolia. *Edição Obras completas de Sigmund Freud*. (Trad. J. Salomão). (Vol. I, 282-289). Rio de Janeiro: Imago. (Trabalho original publicado em 1895).

Freud, S. (1969). Rascunho K. As neuroses de defesa. *Edição Obras completas de Sigmund Freud*. (Trad. J. Salomão). (Vol. I, 307-317). Rio de Janeiro: Imago. (Trabalho original publicado em 1896).

Freud, S. (1969). A etiologia da histeria. *Edição Obras completas de Sigmund Freud*. (Trad. J. Salomão). (Vol. III, 177-206). Rio de Janeiro: Imago. (Trabalho original publicado em 1896).

Freud, S. (1969). Rascunho N. Notas III. *Edição Obras completas de Sigmund Freud*. (Trad. J. Salomão). (Vol. I, 351-354). Rio de Janeiro: Imago. (Trabalho original publicado em 1897).

Freud, S. (1969). A interpretação dos sonhos. *Edição Obras completas de Sigmund Freud*. (Trad. J. Salomão). (Vol. V). Rio de Janeiro: Imago. (Trabalho original publicado em 1900).

Freud, S. (1969). Fragmentos de uma análise de um caso de histeria. *Edição Obras completas de Sigmund Freud*. (Trad. J. Salomão). (Vol. VII, 11-117). Rio de Janeiro: Imago. (Trabalho original publicado em 1905 [1901]).

Freud, S. (1969). Três ensaios sobre a teoria da sexualidade. *Edição Obras completas de Sigmund Freud.* (Trad. J. Salomão). (Vol. VII, 118-230). Rio de Janeiro: Imago. (Trabalho original publicado em 1905).

Freud, S. (2004). Formulações sobre os dois princípios do acontecer psíquico. *Escritos sobre a psicologia do inconsciente.* (Trad. L. A. Hanns). (Vol. 1, 63-78). Rio de Janeiro: Imago. (Trabalho original publicado em 1911).

Freud, S. (1969). Totem e tabu. *Edição Obras completas de Sigmund Freud.* (Trad. J. Salomão). (Vol. XIII, 13-198). Rio de Janeiro: Imago. (Trabalho original publicado em 1913).

Freud, S. (2004). À guisa de uma introdução ao narcisismo. *Escritos sobre a psicologia do inconsciente.* (Trad. L. A. Hanns). (Vol. 1, 95-132). Rio de Janeiro: Imago. (Trabalho original publicado em 1914).

Freud, S. (2004). Pulsões e destinos da pulsão. *Escritos sobre a psicologia do inconsciente.* (Trad. L. A. Hanns). (Vol. 1, 133-174). Rio de Janeiro: Imago. (Trabalho original publicado em 1915).

Freud, S. (1969). Luto e melancolia. *Edição Obras completas de Sigmund Freud.* (Trad. J. Salomão). (Vol. XIV, 271-196). Rio de Janeiro: Imago. (Trabalho original publicado em 1917[1915]).

Freud, S. (2006). Luto e melancolia. In: *Escritos sobre a psicologia do inconsciente* (Trad. L. A. Hanns, Vol. 2, pp. 99-122). Rio de Janeiro: Imago. (Trabalho original publicado em 1917 [1915])

Freud, S. (1969). História de uma neurose infantil. *Edição Obras completas de Sigmund Freud.* (Trad. J. Salomão). (Vol. XVII, 13-156). Rio de Janeiro: Imago. (Trabalho original publicado em 1918[1914]).

Freud, S. (2006). Além do princípio de prazer. *Escritos sobre a psicologia do inconsciente.* (Trad. L. A. Hanns). (Vol. 2, 123-208). Rio de Janeiro: Imago. (Trabalho original publicado em 1920).

Freud, S. (1969). Psicologia de grupo e a análise do ego. *Edição Obras completas de Sigmund Freud.* (Trad. J. Salomão). (Vol. XVIII, 89-182). Rio de Janeiro: Imago. (Trabalho original publicado em 1921).

Freud, S. (2007). O eu e o id. *Escritos sobre a psicologia do inconsciente.* (Trad. L. A. Hanns). (Vol. 3, 13-92). Rio de Janeiro: Imago. (Trabalho original publicado em 1923).

Freud, S. (2007). O problema econômico do masoquismo. *Escritos sobre a psicologia do inconsciente.* (Trad. L. A. Hanns). (Vol. 3, 103-124). Rio de Janeiro: Imago. (Trabalho original publicado em 1924).

Freud, S. (1969). Conferência XXXIII: Feminilidade. *Edição Obras completas de Sigmund Freud.* (Trad. J. Salomão). (Vol. XXII, 139-166). Rio de Janeiro: Imago. (Trabalho original publicado em 1926[1925]).

Freud, S. (1969). Inibições, sintomas e ansiedade. *Edição Obras completas de Sigmund Freud.* (Trad. J. Salomão). (Vol. XX, 95-200). Rio de Janeiro: Imago. (Trabalho original publicado em 1926[1925]).

Galvão, A. L., Claudino, A. M. & Borges, M. B. (2006). Aspectos históricos e evolução do diagnóstico. A. M. Nunes et al. *Transtornos Alimentares e Obesidade.* (31-50). Porto Alegre: Artmed.

Greco, M. G. (2010). *Declinações da dismorfofobia: estudo psicanalítico da distorção da imagem corporal.* Belo Horizonte.

http://www.bibliotecadigital.ufmg.br/dspace/bitstream/1843/BUOS-8H7NFS/1/tese_musso_greco_2010.pdf.

Griesinger, W. (2002). Melancolia no sentido mais estrito. (Trad. S. Alberti, C. P. Almeida & E. R. Miranda). (17-46). In A. Quinet. (Org.). *Extravios do desejo: depressão e melancolia.* Rio de Janeiro: Marca d'Água Livraria e Editora Ltda. (Trabalho original publicado em 1865).

Herscovici, C. & Bay, L. (1997). *Anorexia nervosa e bulimia: ameaças à autonomia.* Porto Alegre: Artes Médicas. (Trabalho original publicado sob o título *Anorexia nerviosa y bulimia*, 1995).

Houaiss, A. (2001). Anorexia. *Dicionário Houaiss da língua portuguesa.* (227). Rio de Janeiro: Objetiva.

Houaiss, A. (2001). Ascese. *Dicionário Houaiss da língua portuguesa.* (313). Rio de Janeiro: Objetiva.

Houaiss, A. (2001). Distúrbio. *Dicionário Houaiss da língua portuguesa.* (1062). Rio de Janeiro: Objetiva.

Houaiss, A. (2001). Sitiofobia. *Dicionário Houaiss da língua portuguesa.* (2587). Rio de Janeiro: Objetiva.

Houaiss, A. (2001). Transtorno. *Dicionário Houaiss da língua portuguesa.* (2754). Rio de Janeiro: Objetiva.

Kafka, F. (2010). Um artista da fome. *Um artista da fome: seguido de na colônia penal & outras histórias.* Porto Alegre: Ed. L&PM Pocket. (Trabalho original publicado em 1922).

Lambotte, M. C. (2000). *Estética da Melancolia*. (Trad. P. Abreu). Rio de Janeiro: Companhia de Freud.

Laplanche, J. & Pontalis, J. B. (1994). Incorporação. *Vocabulário de psicanálise*. (238-239). São Paulo: Martins Fontes.

Laplanche, J. & Pontalis, J. B. (1994). Introjeção. *Vocabulário de psicanálise*. (248-249). São Paulo: Martins Fontes.

Lasègue, C. (1884). De L'anorexie Hystérique. *De L'anorexie Hystérique et les exhibitionnistes*. (5-23). Paris: Études Médicales.

Lopez, F. A. & Campos Jr., D. (2011). *Filhos: adolescentes – de 10 a 20 anos de idade. Dos pediatras da sociedade brasileira de pediatria para os pais*. São Paulo: Editora Manole.

Marcé, L. V. (1860). *On a form of hypochondriacal delirium occurring consecutive to dyspepsia and characterized by refusal of food*. J. Psychol. Med. and Mental Pathology (Vol. 13, 264-266).

Masson, J. M. (1986). Rascunho G. Melancolia. *A correspondência completa de Sigmund Freud para Wilhelm Fliess (1887-1904)*. (Trad. V. Ribeiro). (98-106). Rio de Janeiro: Imago.

Masson, J. M. (1986). Viena, 19 de fevereiro de 1899. *A correspondência completa de Sigmund Freud para Wilhelm Fliess (1887-1904)*. (Trad. V. Ribeiro). Rio de Janeiro: Imago.

Meireles, C. (2008). *Cecília de bolso: uma antologia poética*. Porto Alegre: L&PM Pocket.

Ménard, A. (1994). A anoréxica entre o desejo e o gozo.

Clínica Lacaniana (135-141). Rio de Janeiro: Jorge Zahar.

Merlin, P. & Araújo, A. M. (2002). Transtornos alimentares em homens: um desafio diagnóstico. São Paulo: Rev. Bras. Psiquiatr. (Vol. 24). http://www.scielo.br/scielo. php?pid=S1516-44462002000700016&script=sci_arttext.

Paixão, S. P. (1980). Apresentação: o prazer da aprendizagem (18. Ed). C. Lispector. *Uma aprendizagem ou o livro dos prazeres.* Rio de Janeiro: Francisco Alves.

Pessoa, F. (2006). *O livro do desassossego.* São Paulo: Companhia das Letras.

Ramos, N. (2007). Minha Fantasma [um diário]. *Ensaio Geral: projetos, roteiros, ensaios, memórias.* São Paulo: Ed. Globo.

Recalcati, M. (2004). *La ultima cena: anorexia y bulimia.* (Trad. T. Rodrigues & M. Castrillejo). Buenos Aires: Editora Del Cifrado. (Trabalho original publicado em 1997).

Roudinesco, E. & Plon, M. (1998). Supereu. *Dicionário de psicanálise* (Trad. V. Ribeiro). (745). Rio de Janeiro: Jorge Zahar Editor.

Weinberg, C. & Cordás, T. A. (2006). *Do altar às passarelas.* São Paulo: Annablume.

- ANEXO A -

Um artista da fome

Franz Kafka

Nas últimas décadas o interesse pelos artistas da fome diminuiu bastante. Enquanto antes era um bom negócio organizar grandes apresentações do tipo por conta própria, hoje em dia é totalmente impossível. Os tempos eram outros. Naquela época a cidade inteira se ocupava com o artista da fome pelo menos uma vez por dia; nos últimos dias havia quem passasse o dia inteiro totalmente sentado diante da pequena jaula; à noite era transportada ao ar livre, e então eram principalmente às crianças que exibiam o artista da fome; enquanto para os adultos ele não era mais do que um passatempo, com o qual se entretinham porque era moda, as crianças olhavam-no impressionadas, de boca aberta, com as mãos dadas para vencer o temor, enquanto o homem, pálido, vestindo um abrigo escuro, com costelas muito protuberantes, desprezando até mesmo uma cadeira, ficava sentado na palha, com um aceno polido de cabeça, respondia perguntas com um sorriso forçado e estendia o braço por entre as barras, para que pudessem sentir com as mãos sua magreza, quando então ele se recolhia uma vez mais em sim mesmo, não se preocupava com mais ninguém, nem mesmo com as graves badaladas do relógio, que era o único móvel no interior da jaula, mas apenas olhava para o vazio com os olhos semicerrados e de vez em quando bebericava um gole d'água para umedecer os lábios.

Afora os espectadores ocasionais, havia também vigilantes permanentes escolhidos pelo público, em geral açougueiros, o que não deixa de ser curioso, que, sempre em grupos de três, tinham a incumbência de observar o artista da fome dia e noite para impedi-lo de obter alimento às escondidas. Tratava-se, no entanto, de uma simples formalidade, adotada para tranquilizar as massas, pois os iniciados bem sabiam que o artista da fome, durante o jejum, não teria jamais, em circunstância alguma, nem mesmo sob coação, ingerido o menor bocado que fosse; a honradez de sua arte o proibia. Decerto nem todos os vigilantes sabiam disso, pois muitas vezes apareciam grupos de vigilância noturnos que conduziam a vigília de modo um tanto relapso, de caso pensado sentavam-se em um canto afastado e entretinham-se com um carteado, com o objetivo explícito de conceder ao artista da fome um leve petisco, que, segundo imaginavam, ele poderia tirar de alguma provisão secreta. Nada era mais aflitivo ao artista da fome do que esses vigilantes; deixavam-no triste; dificultavam-lhe imenso o jejum; às vezes o artista vencia a fraqueza e cantava durante esses intervalos até não aguentar mais, para mostrar às pessoas a injustiça dessas suspeitas. Mas pouco adiantava; pois nessas ocasiões admiravam-se com a sua habilidade de cantar mesmo enquanto comia. O artista da fome preferia os vigilantes que sentavam próximo à jaula, não se davam por satisfeitos com a tênue iluminação noturna do salão e valiam-se das lanternas elétricas que o empresário punha à disposição. A luz forte não o incomodava em nada, pois de qualquer modo não conseguia pegar no sono, e cochilar um pouco era sempre possível, com qualquer iluminação e a qualquer hora, mesmo com as multidões, com o barulho do salão. O artista da fome de bom grado passava a noite inteira sem dormir com esses vigilantes; dispunha-se a fazer gracejos, contar histórias sobre a sua vida errante e, então escutar as histórias deles, tudo para mantê-los acordados, para mostrar mais uma vez que não tinha nenhum alimento na jaula e que jejuava como nenhum deles seria capaz. A hora mais feliz, no entanto, era quando o dia raiava e, a suas custas, um lauto café da manhã era servido, sobre o qual os vigilantes lançavam-se com todo o apetite dos homens saudáveis após uma exaustiva noite de vigília. Certas pessoas viam neste café da manhã uma influência indesejável sobre os vigilantes, o que era um exagero, mas se alguém lhes perguntava se estariam dispostos a assumir a vigília apenas em nome da sua causa, sem o café da manhã, saíam de fininho, mas continuavam a alimentar suspeitas.

Estas, no entanto, eram suspeitas inseparáveis da prática do jejum. Ninguém tinha condições de passar dias e noites ininterruptos vigiando o artista da fome, portanto, ninguém tinha como saber em primeira mão se o jejum era de fato ininterrupto, total; só o próprio artista da fome poderia saber, portanto só ele poderia ser o espectador completamente satisfeito com o jejum. Mas por algum motivo ele não estava satisfeito jamais; talvez não fosse o jejum a causa de uma magreza tal que muitas pessoas, espantadas, viam-se obrigadas a evitar a apresentação porque não aguentavam vê-lo, mas a tal magreza era causada apenas pela insatisfação consigo próprio. Só ele, e nenhum outro iniciado, sabia o quão fácil era jejuar. Era a coisa mais fácil do mundo. Ele não fazia nenhum segredo a respeito, mas ninguém lhe acreditava, na melhor das hipóteses tinham-no por modesto, mas na maioria das vezes por alguém que queria chamar a atenção ou por um farsante puro e simples, a quem o jejum era fácil porque sabia como torná-lo fácil e que, ademais, tinha a petulância de fazer essa confissão. A tudo isso ele precisou suportar, acostumar-se ao longo dos anos, mas por dentro essa insatisfação o consumia, e nunca, passado um período de jejum — deve-se admitir isso em seu favor —, ele havia deixado a jaula por vontade própria. O empresário havia determinado que o tempo máximo de jejum seriam quarenta dias, que além disso o artista da fome não poderia jejuar, nem mesmo nas grandes cidades do mundo, e isso por um bom motivo. A experiência dizia que por cerca de quarenta dias era possível, graças a propagandas cada vez mais sensacionais, incensar gradualmente o interesse de uma cidade, mas passado esse tempo a plateia sumia, observava-se uma diminuição sensível no público; claro que, em relação a isso, havia pequenas diferenças entre as cidades e os países, mas em geral valia a regra de que quarenta dias era o tempo máximo. Assim, no quadragésimo dia a porta da jaula decorada com flores abria-se, uma plateia entusiasmada lotava o anfiteatro, uma banda militar tocava, dois médicos adentravam a jaula para tirar as medidas do artista da fome, anunciavam-se os resultados ao salão em um megafone e, por fim, chegavam duas moças jovens, felizes por terem sido sorteadas, que deveriam conduzir o artista da fome por uma escadinha ao exterior da jaula, onde o aguardava, servida a mesinha, uma refeição para doentes feita com todo o cuidado. Mas nesse ponto o artista da fome sempre oferecia alguma resistência. É verdade que punha os braços esqueléticos nas prestativas mãos das moças que se inclinavam em sua direção, mas não queria saber de se levantar. Por que parar justo depois de quarenta dias? Ele teria aguentado por mais tempo, por um tempo indefinido; por que parar justo naquele instante, quando estava no ápice, ou melhor, quase no ápice do jejum? Por que desejavam privá-lo da glória de continuar jejuando, de se tornar ou não apenas o maior artista do fome de todos os tempos, o que ele provavelmente já era, mas também de transcender o imponderável, uma vez que sua capacidade de jejuar não conhecia limites? Por que aquela turba, que fingia admirá-lo com tamanho fervor, tinha tão pouca paciência? Se ele aguentava um jejum mais longo, por que eles também não aguentavam? Ele também estava exausto, acomodado na palha, mas tinha de se pôr em pé e ir em direção à comida, que já em pensamento suscitava-lhe náuseas cuja manifestação continha a muito custo, apenas em respeito às damas. E olhava para cima, nos olhos das damas aparentemente tão amistosas, mas na verdade tão cruéis, e balançava o peso da cabeça sobre o pescoço debilitado. Mas então acontecia o que sempre acontecia. O empresário vinha, sem dizer uma palavra — a música impossibilitava a conversa —, erguia o braço sobre o artista da fome, como se convidasse o céu a ver sua obra na palha, aquele mártir digno de compaixão, o que o artista da fome na verdade era, ainda que por razões bastante diferentes; agarrava-o pela cintura esquálida, quando, com cautela exagerada, pretendia dar a entender que se tratava de algo frágil a ponto de quebrar; e entregava-o — não sem antes dar-lhe um chacoalhão discreto, para que o artista da fome cambaleasse de um lado para o outro com as pernas e o troco — às damas, que, no meio-tempo, haviam empalidecido. A essa altura o artista da fome aguentava qualquer coisa; a cabeça pendia-lhe sobre o peito, como se houvesse rolado até lá e permanecido sem nenhuma explicação naquela postura; o corpo esvaziava-se; as pernas, graças ao instinto de preservação, comprimiam-se na altura dos joelhos, mas ainda assim esgravatavam o chão, como se não fosse real, como se estivessem à procura do chão real; e todo o fardo de seu corpo, ainda que de leve, apoiava-se em uma única dama, que, buscando ajuda, com a respiração ofegante — não era assim que haviam imaginado essa honraria —, de início espichava o pescoço o quanto podia, a fim de proteger pelo menos o rosto do contato com o artista da fome, mas logo em seguida, uma vez que a estratégia falhava e que sua companheira mais afortunada não lhe oferecia nenhuma ajuda, mas contentava-se em segurar, trêmula, a mão do artista da fome, um pequeno feixe de ossos, diante de si, irrompia em pranto com as risadas encantadas da plateia e precisava ser substituída por um empregado mais experiente. Então vinha a refeição, da qual o empresário fazia o artista da fome engolir um pouco durante um cochilo motivado pela fraqueza, acompanhado por uma alegre conversa que servia para desviar o foco da condição em que o artista se encontrava; logo se fazia um brinde ao público, supostamente sussurrando ao empresário pelo artista da fome; a orquestra fazia soar uma grande clarinada, as pessoas se afastavam e ninguém tinha o direito de se sentir insatisfeito com o espetáculo, ninguém, só o artista da fome, como sempre.

Foi assim que viveu por muitos anos, com breves pausas regulares para descanso, em um brilho aparente, honrado pelo mundo, mas, apesar de tudo, com um humor sombrio, que se tornava cada vez mais sombrio uma vez que ninguém conseguia levá-lo a sério. Com o que poderiam lhe oferecer consolo? O que mais poderia desejar? E se acaso surgisse alguém de bom humor, que o admirasse e quisesse explicar que provavelmente a causa daquela tristeza era a fome, podia acontecer, em especial nos estágios mais avançados do jejum, que o artista da fome reagisse com um acesso de raiva e, para o terror de todos, começasse a sacudir as grades da jaula como um animal. No entanto, para essas ocasiões, o empresário tinha um castigo a que gostava de recorrer. Ele desculpava o artista da fome diante do público reunido, admitia que apenas a irritação causada pelo longo jejum, em princípio inconcebível para as pessoas bem alimentadas, poderia tornar desculpável aquele comportamento; a partir daí começava a discutir a alegação duvidosa feita pelo artista de que poderia jejuar por muito mais tempo; elogiava o esforço, a boa vontade, a grande abnegação que sem dúvida estavam contidos nessa declaração; então tentava, por meio de fotografias, que ao mesmo tempo eram vendidas, refutá-la, pois nas fotos via-se o artista da fome no quadragésimo dia de jejum, prostrado na cama, a aponto de ser consumido pela fraqueza. Essa manipulação da verdade, bem conhecida pelo artista da fome, mas ainda assim eterno motivo de desgosto, era demais para ele. A consequência do término prematuro do jejum era apresentada como sendo a causa! Lutar contra essa incompreensão, contra esse mundo de incompreensão, era impossível. Mais uma vez ele tinha escutado o empresário de boa-fé junto às grades, porém, assim que as fotografias surgiam, afastava-se aos suspiros, deixava-se afundar na palha e o público, tranquilizado, podia mais uma vez chegar perto e observá-lo.

Se as testemunhas dessas cenas as relembravam alguns anos mais tarde, muitas vezes não conseguiam entender sequer a si mesmas. Pois no meio-tempo sobrevinha a tal grande mudança; acontecia quase de repente; devia haver razões mais profundas, mas quem se importaria em descobri-las; de qualquer modo, eis que um dia o mimado artista da fome via-se abandonado pela multidão ávida por entretenimento, que já se amontoava em outros espetáculos. Mais uma vez o empresário atravessou com ele a metade da Europa, para ver se aqui e acolá não reencontrava o velho interesse; tudo em vão; como um pacto secreto, havia surgido uma aversão ao espetáculo da fome por toda parte. Claro, na verdade não poderia ter acontecido tão de repente, e em retrospectiva era possível lembrar de muitos presságios que à época, na embriaguez do sucesso, não foram considerados o suficiente, não foram reprimidos o suficiente, mas a essa altura já era tarde demais para tomar qualquer providência. Na verdade era certo que mais cedo ou mais tarde o jejum estaria outra vez em voga, mas isso não era consolo para os vivos. O que o artista da fome deveria fazer? Ele, que tinha encantado milhares de pessoas não poderia apresentar-se em tendas nas pequenas feiras, e, para aprender outro ofício, o artista da fome não era apenas velho demais, mas sobretudo demasiado fanático em relação ao jejum. Então despediu o empresário, seu companheiro nessa carreira ímpar, e arranjou um emprego em um grande circo; a fim de poupar sua sensibilidade, nem ao menos leu as cláusulas do contrato.

Um grande circo com inúmeras pessoas e animais e aparatos que se ajustam e se completam uns aos outros pode arranjar utilidade para todos a qualquer hora, inclusive para um artista da fome, desde que suas pretensões sejam modestas, claro, e neste caso específico, além do mais, não só o próprio artista da fome foi útil, mas também seu antigo renome, assim, em virtude das peculiaridades inerentes a essa arte que não diminui à medida que a idade avança, não se podia sequer dizer que um artista veterano, passado o ápice de sua carreira, quisesse fugir para um posto tranquilo no circo, pelo contrário, o artista da fome garantiu, o que era perfeitamente crível, que jejuava tão bem como antes, disse até que, se o deixassem fazer a sua vontade, o que logo lhe foi permitido, impressionaria o mundo de forma nunca antes vista, uma alegação que todavia, em vista do espírito da época, algo que o artista da fome esquecia com grande facilidade em seu entusiasmo, provocou sorriso nos especialistas.

Mas na verdade o artista da fome não perdeu de vista as circunstâncias reais e aceitou como natural que não pusessem sua jaula como atração de destaque no meio do picadeiro, mas que em vez disso o acomodassem ao ar livre em um lugar bem acessível, próximo ao estábulo. Grandes letreiros coloridos rodeavam a jaula e anunciavam o que se podia ver lá dentro. Nos intervalos entre os espetáculos, quando o público se dirigia ao estábulo para ver os animais, era quase inevitável passar pelo artista da fome e lá se deter por alguns instantes; talvez as pessoas ficassem um pouco mais de tempo se naquela estreita passagem a multidão, incapaz de compreender essa demora no caminho do estábulo tão desejado, não tornasse impossível uma observação mais calma e atenta. Esse também era o motivo pelo qual o artista da fome, antes das horas de visita, que naturalmente eram a razão de sua vida, sempre começava a tremer. No início ele mal conseguia esperar pelos intervalos; encantado, aguardava a multidão que se aproximava, até se convencer — nem mesmo o mais persistente autoengano, por mais caro que fosse, resistia à experiência — de que a maioria das pessoas sempre, sem exceção, tinha por objetivo visitar o estábulo. E essa visão ao longe permanecia sempre como a mais bela. Pois, assim que se aproximavam da jaula, o artista era saudado pelos gritos e impropérios dos grupos que se alternavam sem cessar, um — que logo se tornou o mais doloroso ao artista — curioso em vê-lo, não por interesse legítimo, mas por capricho e deboche, e o segundo, ansioso por chegar de uma vez aos estábulos. Quando o grosso da multidão havia passado, vinham os retardatários, e estes, a quem já não era impossível parar pelo tempo que desejassem, invariavelmente seguiam a passos largos, quase sem desviar os olhos, para chegar ainda a tempo de ver os animais. E não era um acontecimento muito frequente que um pai de família chegasse com os filhos, apontasse o artista da fome com o dedo e explicasse em grande detalhe do que se tratava, falando sobre épocas passadas, quando ele havia assistido a apresentações similares, ainda que incomparavelmente mais grandiosas, e então as crianças, por conta da falta de preparo escolar e de experiência de vida, continuassem sem entender — o que significava a fome para elas? —, mas ainda assim revelassem, no brilho do olhar, a promessa de uma época jovem, vindoura e mais piedosa. Talvez, dizia o artista da fome de si para si, tudo pudesse ser um pouco melhor caso a jaula não ficasse tão próxima aos estábulos. A escolha tornava--se fácil demais ao público, para não dizer que o cheiro dos estábulos, o clamor dos bichos à noite, o transporte dos nacos de carne fresca aos predadores e o barulho que os animais faziam ao comer eram motivos de ofensa e de angústia constate para o artista. Mas ele não se atrevia a comunicar à direção; afinal, sentia-se grato aos animais pela multidão de visitantes, dentre os quais às vezes havia alguém interessado em vê-lo, e além do mais não sabia onde poderiam instalar caso chamasse atenção para a própria existência e assim também para o fato de que, no fundo, não passava de um empecilho no caminho até o estábulo.

Um pequeno empecilho, no entanto, e cada vez menos, as pessoas acostumaram-se à extravagância de quem pretende, nos dias de hoje, chamar a atenção como artista da fome, e o hábito foi como uma sentença de morte. O artista poderia jejuar tão bem quanto quisesse, e era o que fazia, mas nada mais poderia salvá-lo, passavam por ele sem ao menos notá-lo. Tente explicar a alguém a arte da fome! Não há como torná-la compreensível a alguém que não a sente. Os belos letreiros ficaram sujos e ilegíveis, foram arrancados, e a ninguém ocorreu substituí-los; os quadrinhos onde se anotavam os dias passados em jejum, a princípio atualizados dia após dia, já estavam havia tempos sem sofrer nenhuma alteração, uma vez que depois das primeiras semanas os próprios funcionários entediaram-se com essa simples tarefa; e assim o artista da fome seguiu em jejum, como outrora sonhara, e sem nenhuma dificuldade, como então havia previsto, porém ninguém mais contava os dias, ninguém, nem mesmo o próprio artista da fome sabia quanto tempo havia passado, e o coração pesou-lhe. E quando às vezes um desocupado aparecia, debochava dos velhos números no quadrinho e acusava-o de charlatanismo, de certa forma contava a mentira mais estúpida que a indiferença e a maldade inatas seriam capazes de inventar, pois o artista da fome não era um embusteiro, ele trabalhava com honradez, mas o mundo negava-lhe sua recompensa.

Mais uma vez passaram-se vários dias, e isso também teve um fim. Certo dia um supervisor percebeu a jaula e perguntou aos empregados por que haviam deixado uma jaula em perfeitas condições cheia de palha apodrecida e sem uso; ninguém soube responder, até que um dos presentes, ao ver o quadrinho com os números, lembrou-se do artista da fome. Com a ajuda de varas, remexeram na palha e encontraram o artista da fome. *Você não está de jejum?*, perguntou o supervisor. *Quando pretende parar com isso?*

Peço desculpas a todos vocês, murmurou o artista da fome; apenas o supervisor que estava com a orelha perto da jaula, conseguiu entendê-lo. *Claro,* disse o supervisor levando um dedo à testa, a fim de informar ao pessoal a condição do artista da fome, "nós o desculpamos". *Eu sempre quis que vocês admirassem o meu jejum,* disse o artista da fome. *Mas nós o admiramos,* respondeu o supervisor, cheio de boa vontade. *Mas vocês não deveriam admirá-lo,* disse o artista da fome. *Tudo bem, então nós não admiramos,* disse o supervisor, *mas por que não devemos admirá-lo? Porque o jejum é uma necessidade, eu não tenho como evitar,* disse o artista da fome. *Isso se vê logo, disse o supervisor, mas por que você não tem como evitar? Porque eu,* disse o artista da fome, levantou um pouco a cabecinha frágil e falou com os lábios arredondados, como se fosse dar um beijo, junto à orelha do supervisor, *porque eu nunca encontrei a comida que me agradasse. Se eu a tivesse encontrado, acredite, eu não teria feito nenhum alarde e teria comido até me empanturrar, como você e todo mundo.* Estas foram suas últimas palavras, mas no olhar embotado percebia-se a convicção firme, ainda que não mais orgulhosa, de prosseguir em jejum.

Tratem de limpar isso aqui, disse o supervisor, e o artista da fome foi enterrado com palha e tudo. Na jaula puseram uma jovem pantera. Até para os mais insensíveis era um grande alívio ver a fera selvagem andando de um lado para o outro na jaula havia tanto tempo abandonada. Não lhe faltava nada. A comida que lhe agradava era trazida sem grandes ponderações pelos vigias; o animal parecia não dar falta sequer da liberdade; o corpanzil nobre, equipado quase a ponto de explodir com tudo que lhe era necessário, dava a impressão de trazer consigo também a própria liberdade; esta parecia esconder-se em algum lugar entre as suas presas; e a alegria de viver saía de sua garganta com um ardor tão intenso que os espectadores mal podiam aguentar. Mas eles se recompunham, cercavam a jaula e não queriam mais sair de lá.

- ANEXO B -

Minha Fantasma [um diário][48]

Nuno Ramos

1. Minha fantasma

Tiraram algumas nesgas do alto das pernas dela, um lanho ou um tufo de pelos. Magra, ela ainda está quente, como um corpo vivo. Seu peso, é mais um peso do que alguém, respira, e se têm abertos (poros e olhos), algumas concavidades, onde havia carne, foram cavadas pela mão de quem — do Senhor das amarguras, ou desencanto, ou pelo seu desejo de encontrar uma planície branca, mesmo que fosse a morte. Foram cavadas e hoje são lagares, moles bueiros os cimos de suas coxas, onde, ai de mim, eu repousava as minhas. Me lembro: eu repousava as minhas, mas há muito ela não pasce, nem garatuja, nem regurgita. Ela fenece, isso sim, lenta, não um bicho mas um caule murcho, tombado, quase a terra onde o tronco vai beber novamente. Lança seus sinais duas vezes — para que ela própria escute, uma vez, e outra para que acreditem. Eu acredito. Sei como

48 Escrito entre dezembro de 1998 e junho de 1999, "Minha fantasma", entre outras coisas, é o diário de minha convivência com um quadro sério de depressão de minha mulher, Sandra Antunes Ramos. Na época (em 2000), produzi pela editora Bartira uma tiragem de autor, de 105 exemplares, numerados e assinados, que distribuí entre amigos. O projeto gráfico original, de Rodrigo Andrade, foi readaptado para este livro. As fotografias são de Eduardo Ortega.

sofre, e tenho no seu peso o seu relógio, e seria melhor que o ar que a faz viver lhe desse um pouco de descanso. Se não respirasse por uma semana talvez acordasse melhor e se espreguiçasse, e a vidraça do nosso quarto, recuperando a transparência, não fosse mais o seu espelho. Há céu detrás dessa vidraça, a ponta de uma árvore, o teto de outras casas. Eu acredito. Eu sei como a sua carne pede que a protejam, ao mesmo tempo que a deixem sozinha, e a minha carne ainda quer a sua, quer ainda mais por isso, a minha carne sozinha. Tenho os olhos sobre ela para afastá-los de mim — eu, o pobre gordo dos meus deveres, da minha ambição e saudade. Ela está morrendo como um espelho, um azulejo — não pode se ver por estar tão fraca, não reflete. A sua voz, mais grave e gaga, diz o que nós queremos que diga. Seria tão fácil aproveitar dela. Qualquer um poderia. Qualquer um a levaria por uma palha, um raciocínio, um doce. Por isso achei melhor deixá-la no quarto trancada, e não apenas eu: nós todos a estamos vigiando em turnos alternados. Ela poderia sair andando como um cachorro peregrino em seu último dia. Mas também não é isso que procura. Prefere o tule fino dos lençóis. E quer ser lembrada. Eu lembro. Eu vou me lembrar.

Se ela murmura em meio ao sono — e ela dorme o tempo todo por causa dos remédios — é como se dissesse uma verdade escondida, que não se pode negar. Mas é sempre verdade, e não apenas quando dorme: talvez ela esteja morrendo. Eu ponho o meu ouvido perto do seu hálito, com medo. Não quero ouvir uma queixa, não quero ouvir outro nome. Não quero que se lembre do que não viveu comigo. Cumpro o que me pedem: horários, remédio, e fico batendo, como um morcego, as asas nas vidraças: pedaços de frase, rancores antigos, um ritmo sem conteúdo, uma pergunta cretina. Acordo para olhar: respira? Dorme com as mãos estendidas e as plantas do quarto crescem até junto delas. À noite vêm umedecer a ponta dos seus dedos magros. Está plena na magreza, definha como uma santa, os ecos da madrugada conseguem entrar no meu quarto e perguntam. Entram em silêncio, depois perguntam: o que você fez por ela? Eu fiz o que podia. Quanto é isso? Fiz tudo o que podia.

Desço até a cozinha para separar seus remédios. É para isso que sirvo agora. Nem sempre é possível ter bem claro o sentido de um dia. O meu agora tem: dar remédios, forçá-la a comer embora ela não queira. Controla tudo o que entra nela, fechando seu corpo ao apetite. Sua boca, profilática, não saliva diante de um bom bife. E se nós insistimos ela vomita. E se vomita, bem, então é melhor acarinhá-la e começar tudo novamente. É um amor imenso e cansativo, que deve dizer bem alto: Eu quero você mesmo assim. Ou algo ainda antes disso, já que ela é a mesma pessoa, apenas confusa, como quem circula pela casa sem encontrar a porta do próprio quarto. Eu desejo os seus ossos porque lembro da carne que havia neles. Lembro do desenho em 8 das ancas antigas. Lembro da flacidez da bunda. Ela se mexe quando eu penetro, o vai e vem de antes. Eu sou a fonte da vida quando ela geme. Amar na doença é quase querer que a doença continue.

São três do pequenininho, um do zepelim laranja, um que tem mel dentro e dois brancos sem graça. Têm uma camisinha de plástico que abre no estômago e cabem todos numa xicarazinha. Preciso equilibrar o iogurte, não vá derramar, não vá uma gastrite piorar tudo. Ela está fraca, o balde das doenças cheio até a borda. Não pode ter mais nada, nenhuma tosse, nenhum espirro. Mas o verdadeiro poder está naquelas pilulazinhas. Pequenos mensageiros anódinos, levam o dever-ser da vida dela para dentro dela.

Ela inteira obedece ao seu comando, obedece o interior, em coação consentida à procissão de formigas multicores que desce pela sua glote. O que não conseguimos fazer sozinhos eles fazem por nós. Eles e, é claro, aqueles senhores vestidos de branco com suas colunas de mercúrio, seus auscultadores, seus aparelhos de pressão. Para mim parece que também os médicos devem lhe ter amor. Não posso pensar que cuidem dela como de um pedaço de carne que se move, atormentado. Com certeza gostam dela. Todos gostam dela. Já notei isso. Posso perceber como a tratam de modo ligeiramente diferente. Não me incomoda que cobrem cada consulta. Quero mesmo que cobrem, para que possa chamá-los no meio da madrugada, debaixo da neve do meu desespero. São, como eu, seus vigias, mas diferentes de mim porque querem lançar luz sobre ela. Escrevem. Prescrevem. Falam apenas o necessário. Têm, mais do que tudo, naturalidade diante daquilo que a atormenta, e que a ela parece a sua maldição exclusiva, alguma coisa que começou e provavelmente vai terminar com ela, com a morte dela. Para eles, no entanto, aquilo tem nome, origem e, principalmente, destino (a cura). A cura não é o raio de sol depois da tempestade, nem uma lufada de ar no quarto pestilento, mas haver o quarto, e sol como o conhecemos, e vento como desde que somos pequenos. É o mundo ser redondo e o oceano ser salgado. Isso é a cura, o tédio bem-vindo. Então é isso que ela ataca e protela. Voltando a alto mar enquanto lhe acenamos da praia monótona. Mas é monótono também estar doente, e ela sabe disso, e quer voltar mas não consegue.

Olhando ela fazer o que sempre faz, dormir, olhando o corvo bicar as suas pálpebras, olhando a coruja lhe contar seu segredo (Eu não durmo porque não posso) e o camelo lamber as suas faces enquanto ela descansa entre as duas corcovas, olhando a gralha lhe dizer: Eu avisei, olhando a gralha repetir: Agora sai dessa sozinha, olhando a lesma passear por suas vértebras, que vão afundando no acolchoado da cama, olhando ela diminuir a cada dia em relação à cabeceira retangular, um vão cavado entre coxas que não havia antes, um cuidado em mim por ela que não havia antes, uma curiosidade maior, porque tudo agora é só dela, já que não precisa de mim para morrer (talvez nem para viver), ela não precisa de mim para ir onde ela quer ir, olhando o coelho que move o seu focinho bem junto do dela, olhando a velha senhora desdentada que recita alto seu nome enquanto joga os ingredientes dentro do caldeirão, ouvindo o sussurrar dos pequenos esquilos que pedem para ajudar (mas ela não pode ouvi-los), pedem para cuidar dela (mas ela não pode ouvi-los), pedem para dividir as suas nozes com ela.

Ontem nós saímos os dois para ir ao hospital. Ficamos sentados esperando numa sala de poltronas novas no meio de um pátio antigo e sujo com uma televisão no alto e um placar digital, em letras vermelhas, que anunciava o número de senhas. Os pombos, vindos da tarde cinzenta, chuvosa, acocoravam-se nas cornijas da janela. Queria tomar um café que não posso mais querer tomar, porque ela não deve tomar café agora — desperta o seu hálito profundo, o seu fôlego de maratonista, o rumor inteiro da sua vida, tudo de uma vez. Faltam 32 números para o nosso. Tempo para conversar. Procuro acalmá-la. Procuro tirar a prevenção de dentro dela. Faz um bico de criança pequena que nela não parece inteiramente grotesco porque acaricia seu travesseiro à noite, e estremece genuinamente a cada trovoada, e gosta de dormir enquanto eu leio histórias para ela. Ela: *E se eu voltasse a comer agora?* Preciso reagir ao meu desejo de ir embora. Eu: *A questão não é só essa.* Ao meu próprio desejo de protegê-la daquela gente sentada nas poltronas, de dizer: *Você não é como eles. Você é. Eu sou.* Eles ficam ali esperando os remédios da distribuição gratuita. Ainda faltam doze números. Às vezes pulam dois ou três, como se a pessoa tivesse ido embora sem apanhar nada. Conheço esse movimento da sua cabeça, para baixo, ortogonal, como uma chifrada. Ela agora está muito ansiosa. Faltam só três números, mas o tempo entre eles é tão variado que fica difícil prever alguma coisa. Eu digo para ela que só faltam três números. Quer ir ao banheiro. Será que vai vomitar? Aperto a sua mão. Não consigo dizer nada. *Então escute,* digo afinal, *não é também assim tão importante, é só uma entrevista, não vai acontecer nada que você não queira que aconteça.* Ela: *Eu não queria que isto acontecesse, estar aqui.* Quase não percebemos o nosso número chegar. Ultrapassamos a enfermeira que recolhia as senhas de papelão amassado em frente a uma porta de mola. Ali dentro é pior. Ela: *Me leva daqui.* Enfermeiros discutindo no meio de pacientes deitados em maca que falam sozinhos e fazem tricô sem agulhas, no ar, em movimentos circulares. Depois de uns trinta metros chegamos à porta do médico especialista em distúrbios alimentares. Doença rara, perigosa, a maior parte das pessoas nem sabe que existe. Anorexia bulímica, a sentença. Bulimia anorética. O pior ainda está por vir. O desequilíbrio da bomba sódio-potássio. O músculo do coração para. Às vezes a pessoa se afoga de tanto comer. Vai de um extremo ao outro. Não conversamos nem dez minutos com aquele médico de barba longa. Parece alguém que tocava violino, como um judeu de Chagall. Devia ter uma coleção enorme de selos, e uma mãe severa. Devia raspar um prato fundo de caldo de carne com gema de ovo batido todas as manhãs, para ficar bem forte. Mas na verdade é baixo e atarracado e suas pernas não se desenvolveram tanto quanto o tórax, e o próprio tórax não se desenvolveu tanto quanto as feições elásticas do seu rosto — por isso não pode esconder certa fração de paraplegia, de paralisia infantil, certa dessemelhança entre a metade de baixo e a metade superior do tronco, como um tratado das tordesilhas cravado em sua cintura que torna apenas mais perverso seu sorriso forçosamente bondoso. A verdade é que de cara desconfiei dele, mas não pelos motivos habituais (pelos atrás da orelha, voz melíflua, olhar excessivamente demorado, roçar uma palma da mão na outra). Achei, apenas, que ele não gostava dela.

Saímos para a tarde dos pombos, para a tarde das poças. Alguma coisa havia se rompido entre nós. Eu a mostrei àquele médico, a levei pela mão, depois em meu carro, depois em meus braços, empurrando-a pelos ombros, falando baixinho em seus ouvidos disse a ela que podia confiar nele, mas eu não confiei. Deixei que contasse a ele o seu segredo, deixei que ele explicasse, com palavras cheias de certeza, o que estava acontecendo com ela. Era melhor tê-la acarinhado até dezembro que vem, mantendo a sua respiração bem calma. Era melhor ter dormido ao lado do seu corpo magro, ter deslizado a mão pelo seu ventre e puxado sobre nós dois a mortalha alva dos lençóis. Ou ter aberto o gás para que flutuássemos juntos pela casa.

Ela está nua agora, embora não note isso. Seu cotovelo abre um ângulo agudo sobre o crânio. Tem as mãos apoiadas no início do ventre, cujos pelos pequenos ela passa os dias arrancando com uma pinça prateada — minúsculos poros vazios, onde eles estavam antes, eriçados, compõem agora uma faixa vermelha quase até o umbigo. As saliências vêm súbitas, manifestações da linha contínua de seu contorno. Omoplatas íntimas e remotas, duas saboneteiras profundas onde o tronco voluteia antes de subir ao rosto cavo, emergem mais fortes do que a carne. Dentro do corpo magro está a alma, não na superfície rosada. Seus olhos são poços mortiços entre dois reinados — aquela pedra, carne de pedra, mais fóssil do que o pulso, ruína congelada sem batimento que modela sua essência desde dentro e a floração inconstante, rugosa e murcha, que sobe pelo tronco esmaecido. Não sei precisar o que haverá de tão desejável na púrpura das olheiras, na baba que escorre pelo seu queixo. Não sei dizer por que não posso tirar meus olhos dela. Sinto a maré de sua tristeza me arrastar. Não sei por que não durmo, por que não vou embora de uma vez. Talvez lhe fizesse bem, afinal, estar sozinha e abandonada. Talvez a minha paciência seja apenas mais um sintoma de sua doença, como seus pesadelos, o choro lento e sem fim, a articulação imperfeita das sílabas quando fala, como se estivesse bêbada. Sim, talvez eu seja inteiro uma invenção dela, com meus remédios e meu apego aos pequenos detalhes (horário, número de proteínas, contagem de peso, telefonemas regulares aos médicos).

Não há nada que eu possa fazer agora — eu que achava que a tinha criado inteira para mim. Eu que achava que tinha lhe ensinado seu gosto pelas figuras de Giacometti (talvez por isso se pareça agora com elas, mas não, na verdade seu corpo articulado em longos juncos moles lembra mais Egon Schiele), achava que tinha lhe mostrado Veneza e o sabor da lixia, que havia posto leite em seus seios e moldado com as minhas mãos o verdadeiro contorno das suas coxas, eu que teria lhe dito o seu nome, pela primeira vez, com a voz rouca, a saliva escorrendo pelo seu lóbulo contra o muro escarlate, de madrugada, eu só podia agora, como qualquer outro, esperar. Talvez ela esteja mesmo morrendo. Ou se perpetuando numa infância perversa. Sim, porque quem duvidaria de seu poder agora? Do poder mesmo de ficar boa, caso cansasse da explosão anêmica dos seus dias e se levantasse para o pão e a manteiga e o amor da minha ninhada? Quem poderia duvidar por um só instante? Eu. Eu poderia. Quem lhe negaria a chave da porta de casa para que, subitamente curada, acordasse daquele pesadelo e voltasse à vida de sempre? Eu negaria. Não posso acreditar nela. Uma parte dela tem de permanecer estranha a nós, como que possuída por interesses inconfessáveis (a lista não é longa): cortar-se, ingerir remédios, ingerir produtos de limpeza, atirar-se contra veículos em movimento, brincar, enfim, de morrer, com risco enorme de morrer mesmo. Aos poucos sua solidão vai cavando um buraco na minha. Aos poucos sua doença vai parecendo normal, e então o verdadeiro pesadelo começa. Porque ao lado de outras coisas habituais não há lugar para ela. Não há vida cotidiana aqui, mas desespero. Sou capaz de suportar sua doença em regime de exceção, mas não indo para o trabalho, comprando legumes, levando as crianças na escola. Porque assim, aos poucos, meu amor por ela vai acabar confessando seus gases, seu mau hálito matutino, a acidez que traz no estômago. Como foi que me meti nisso, vai repetir monocórdio. Como foi?

As suas lágrimas. São dias inteiros chorando, às vezes enquanto se vê um filme ou conversa comigo, enquanto borda, enquanto urina, um riacho ininterrupto rolando para baixo. Nunca a vi chorar dormindo, mas chora quando a visitam sem que ninguém perceba ou para de chorar quando chega alguém e recomeça imediatamente quando sai. Às vezes fica com a cara péssima, mas em geral tem o rosto neutro. Chora por ser covarde, chora principalmente porque não pode parar de chorar. Não há ventos fortes nem tufões, mas uma monotonia de laguna excessivamente salgada onde os peixes não conseguem sobreviver, apenas alguns sargaços rancorosos e caranguejos pré-históricos. Também quando sorri ou gargalha e posso ver as suas amídalas, também então mergulha nessa laguna. Não há nada fora da sua melancolia, por mais que ela se esforce e diga as palavras que todos nos torcemos para que diga, e faça isso com extraordinário senso de medida, sem euforia, sem otimismo demais. A verdade é que não está indo a lugar nenhum, não se movimenta propriamente entre um ponto cardial e outro, marcos de fronteira que seu mundo não inclui. Está sempre em sua laguna de água parada, em seu mar morto e escuro, sem a borda de uma praia. A sua doença pode durar para sempre e o que vivemos até agora transforma-se no prefácio de um livro escuro. Ela pode, porque pode tudo, ficar exatamente como está, quietinha em sua laguna, em seu mormaço.

Talvez hoje à noite eu devesse sair com ela de casa. Aumentar a dose de seus remédios, esperar que dormisse profundamente, colocá-la sobre os ombros (está tão magrinha) e atirá-la no banco de trás do carro. É janeiro agora e as chuvas têm despencado sobre São Paulo mais fortes do que nunca, pedaços do céu quase sólidos. Estamos nos movendo numa agonia líquida que contamina a roupa, atravessa as pedras e os plásticos, paralisa o trânsito e os horários, retira do chão o seu atrito — a cidade está boiando. O barro da periferia está mole e aquelas ruas intransitáveis onde o asfalto não chegou vêm retornando rapidamente à seminatureza dos barrancos. Os jornais têm alertado. Bem, eu tiraria ela do carro e me deitaria ao seu lado num lamaçal como esse. Se acordasse com frio, eu lhe daria meu paletó. Gostaria de esperar com ela ali, deitados no meio da chuva sobre a superfície pantanosa de uma rua antiga, sobre o leito quase rio onde a enchente agora desce. A água barrenta bateria em nossos corpos lavando nossos cabelos, penetrando em nossos pelos mais remotos, na ponta do nosso sexo, no orifício do nosso cu. Gostaria de esperar com ela assim até que a chuva passasse e o dia amanhecesse, até que alguém nos encontrasse ali deitados. Acho que teria colocado meu braço embaixo de sua cabeça e com a outra mão acenaria para essa pessoa matutina. Não fale alto, eu diria. Não vá acordá-la agora.

www.ingramcontent.com/pod-product-compliance
Lightning Source LLC
Chambersburg PA
CBHW060850280326
41934CB00007B/993